El poder de la *Palabra* y cómo estudiarla

John MacArthur

EDITORIAL
PORTAVOZ

Título del original: *How to Study the Bible* © 1982, 2009 por John MacArthur y publicado por Moody Publishers, 820 N. LaSalle Boulevard, Chicago, IL 60610. Traducido con permiso.

Edición en castellano: *El poder de la Palabra y cómo estudiarla* © 2010 por John MacArthur y publicado por Editorial Portavoz, filial de Kregel, Inc., Grand Rapids, Michigan 49505. Todos los derechos reservados.

Traducción: Mercedes De la Rosa-Sherman

EDITORIAL PORTAVOZ
2450 Oak Industrial Dr. NE
Grand Rapids, MI 49505 USA

Visítenos en: www.portavoz.com

ISBN 978-0-8254-1581-4
ISBN 978-0-8254-6475-1 (Kindle)
ISBN 978-0-8254-8054-6 (epub)

5 6 7 8 9 / 25 24 23 22 21 20 19 18 17

Impreso en los Estados Unidos de América
Printed in the United States of America

CONTENIDO

EL PODER
de la PALABRA en la
VIDA DEL CREYENTE
Parte 1

Es vital que todo cristiano sepa cómo estudiar la Biblia. Uno debe poder adentrarse en la Palabra de Dios por sí solo para cosechar y beneficiarse de todas las riquezas que contiene la Biblia. Yo muchas veces pienso en las palabras de Jeremías, que dijo: "Fueron halladas tus palabras, y yo las comí; y tu palabra me fue por gozo y por alegría de mi corazón" (Jer. 15:16a). La Palabra de Dios es un recurso magnífico. Los cristianos no deberían tener ninguna limitación en su capacidad de estudiar la Palabra de Dios por sí mismos. Por eso, vamos a ver cómo estudiar la Biblia. Pero antes debemos ver por qué es importante estudiarla.

Walter Scott, novelista, poeta y gran cristiano británico, se estaba muriendo cuando dijo a su secretaria: "Tráeme el Libro". La secretaria miró los miles de libros que había en su biblioteca y dijo: "Doctor Scott, ¿qué libro?" Él contestó: "El Libro, la Biblia: el único Libro para un hombre que se está muriendo". Y yo agregaría que la Biblia no solo es el único Libro para un hombre *que se está muriendo*, sino que es el único Libro para los hombres *vivos*, porque es la Palabra de vida, así como también esperanza en la muerte.

Por eso, acudimos a la Palabra de Dios con mucha emoción y entusiasmo. Pero antes de compartir con usted cómo estudiar la Biblia debo hablarle sobre la autoridad de la Palabra de Dios. Entonces verá la importancia que tiene estudiarla. Además, debemos afirmar desde el principio que las Escrituras son la Palabra de Dios. No se trata de la opinión del hombre, no es filosofía humana, no son las ideas de alguien, no es un conjunto de los mejores pensamientos de los mejores hombres: es la Palabra de Dios. Por consiguiente, tenemos que darnos cuenta de varias cosas.

Los atributos de la Biblia

1. La Biblia es infalible

La Biblia, en su totalidad, no contiene errores. Específicamente, en sus escritos originales, no tiene errores. En el Salmo 19:7 la Biblia dice de sí misma: "La ley de Jehová es perfecta…". No tiene defectos porque Dios la escribió… y Él es perfecto. Por eso, si Dios escribió la Biblia y Él es la máxima autoridad, y si su carácter es perfecto, entonces la Biblia es perfecta y es la máxima autoridad. Puesto que Dios es perfecto, los escritos originales, las transmisiones originales de la Palabra de Dios, también deben ser perfectos. De manera que la Biblia es infalible, y esa es la primera razón para estudiarla; es el único Libro que nunca comete errores. Todo lo que dice es verdad.

No solo es *infalible* sino que también existe una segunda palabra que usamos para describir la Biblia, y esa palabra es:

2. *La Biblia es inerrante*

La Biblia no solo es infalible en su totalidad, sino que también es inerrante en sus partes. En Proverbios 30:5-6 dice: "Toda palabra de Dios es limpia… No añadas a sus palabras, para que no te reprenda, y seas hallado mentiroso". Por tanto, toda la Palabra de Dios es pura y veraz.

La Biblia no solo es *infalible* e *inerrante* sino que:

3. *La Biblia está completa*

No hay que añadir nada a la Biblia. Ahora bien, eso podría ser una sorpresa para algunos, porque hay quienes creen hoy día que necesitamos más revelaciones. Existe una filosofía-teología conocida como neoortodoxia. Esa filosofía nos dice que en su época la Biblia fue simplemente un comentario sobre experiencias espirituales, y que hoy día los seres humanos todavía tienen experiencias espirituales. Por tanto, la humanidad necesita otro comentario. Un escritor dijo que necesitamos que hoy día se escriba una Biblia, así como lo hicimos cuando se escribió la Biblia que tenemos en las manos, porque necesitamos que alguien comente lo que Dios está haciendo ahora. También dijo que cuando una persona cualquiera se pone de pie en la iglesia y dice: "Así dice el Señor", está tan inspirado como Isaías, Jeremías o cualquiera de los otros profetas (J. Rodman Williams, *The Era of the Spirit*, Logos International, 1971).

En otras palabras, afirman que la Biblia no está completa. Ese es el pensamiento filosófico-teológico actual. Echemos un vistazo al final del último libro de la Biblia, el libro de Apocalipsis: "Si alguno añadiere a estas cosas, Dios traerá sobre él las plagas que están escritas en este libro. Y si alguno quitare de las palabras del libro de esta profecía, Dios quitará su parte del libro de la vida, y de la santa ciudad y de las cosas que están escritas en este libro" (22:18*b*-19). La Biblia termina con la advertencia de no quitar nada ni añadir nada. Ese es un testimonio de su integridad. Es *infalible* en su totalidad, *inerrante* en sus partes y está *completa*.

Una cuarta manera de describir los atributos de la Biblia es decir que:

4. La Biblia tiene autoridad

Si es perfecta y está completa, entonces es la Palabra final, la máxima autoridad. Isaías 1:2 dice: "Oíd, cielos, y escucha tú, tierra; porque habla Jehová…". Cuando Dios habla todo el mundo escucha y obedece, porque suya es la máxima autoridad. Podemos hablar de sus implicaciones, sus aplicaciones y significados, pero no deberíamos cuestionar si es o no veraz.

En Juan 8, Jesús debatió con unos líderes judíos

cuando había otras personas presentes. Los versículos 30b-31 dicen: "…muchos creyeron en él. Dijo entonces Jesús a los judíos que habían creído en Él: Si vosotros permaneciereis en mi palabra, seréis verdaderamente mis discípulos". En otras palabras, Jesús exigió una respuesta a su Palabra porque *tiene* autoridad.

En Gálatas 3:10 dice: "Maldito todo aquel que no permaneciere en todas las cosas escritas en el libro de la ley, para hacerlas". Esa es una tremenda afirmación de autoridad absoluta. En Santiago 2:9-10 leemos: "Pero si hacéis acepción de personas, cometéis pecado, y quedáis convictos por la ley como transgresores. Porque cualquiera que guardare toda la ley, pero ofendiere en un punto, se hace culpable de todos". Desobedecer la Biblia en un punto es quebrantar la ley de Dios. La Biblia tiene autoridad en todas sus partes.

La Biblia es *infalible, inerrante, completa, tiene autoridad*. Como resultado de ello podemos decir además que:

5. *La Biblia es suficiente*

La Biblia es suficiente para una serie de cosas. En primer lugar, es suficiente para nuestra salvación. En 2 Timoteo 3:15, Pablo dijo a Timoteo: "Y que desde la niñez has sabido las Sagradas Escrituras, las cuales te pueden hacer sabio para la salvación por la fe que es en Cristo Jesús". Antes que nada, la Biblia es *suficiente* para "hacernos sabios para la salvación". Hágase la siguiente pregunta: ¿Qué es más importante que la salvación?

¡Nada! Es la realidad más grandiosa del universo, y la Biblia revela esa salvación.

En segundo lugar, 2 Timoteo 3:16 (cursivas añadidas) indica que la Biblia es suficiente para nuestra perfección: "Toda la Escritura es inspirada por Dios, y útil para *enseñar*" —eso significa "principios de sabiduría, normas divinas o verdades divinas"; "para *redargüir*" —eso significa que uno puede ir y decirle a alguien: "Oye, estás equivocado. No te puedes comportar así, hay una norma y no la estás cumpliendo". La Escritura también es buena "para *corregir*", lo cual dice a la persona que uno acaba de redargüir: "No hagas eso, haz esto; ese es el camino correcto". Uno enseña, redarguye, muestra el camino correcto y, además, la Escritura es buena "para *instruir en justicia*". Entonces le señala el nuevo camino y le muestra cómo andar en él. La Biblia es un libro magnífico. Puede hacer que alguien que no conoce a Dios, que no es salvo, lo sea. Luego le puede enseñar, redargüirle cuando hace algo malo, señalarle lo que es correcto y mostrarle cómo andar en ese camino correcto.

El resultado se expresa en el versículo 17: "a fin de que el hombre de Dios sea perfecto, enteramente preparado para toda buena obra". La increíble realidad de la Biblia es que es *suficiente* para hacer el trabajo completo.

En tercer lugar, la Biblia es suficiente en su esperanza. En Romanos 15:4 dice: "Porque las cosas que se escribieron antes [se refiere a la Biblia], para nuestra enseñanza se escribieron, a fin de que por la paciencia y la consolación de las Escrituras, tengamos esperanza".

La Biblia es la fuente de paciencia y consuelo, y a la larga nos da esperanza ahora y para siempre.

Por último, la Biblia es suficiente en su bendición. Pienso en el excelente texto de Santiago 1:25: "Mas el que mira atentamente en la perfecta ley, la de la libertad [las Escrituras], y persevera en ella, no siendo oidor olvidadizo, sino hacedor de la obra, éste será bienaventurado en lo que hace". Cuando uno la lee y luego la pone en práctica, es bendecido.

En Santiago 1:21, el apóstol dice: "recibid con mansedumbre la palabra implantada, la cual puede salvar vuestras almas". El texto griego significa literalmente que puede "salvarle la vida". En otras palabras, le salvará la vida si usted recibe la Palabra de Dios. Creo que con eso quiere decir que le dará la vida más plena que se pueda imaginar. Sin embargo, es posible también que un cristiano que no obedece la Palabra de Dios pierda la vida. En 1 Corintios 11, algunos de los cristianos de Corinto violaron la práctica de la Cena del Señor y Él se los llevó al hogar celestial. El versículo 30 dice: "Por lo cual hay muchos enfermos y debilitados entre vosotros, y muchos duermen [están muertos]". Ananías y Safira desobedecieron el mandamiento de Dios y cayeron muertos frente a la iglesia (Hch. 5:1-11). Así, Santiago dijo: "Si usted recibe la palabra implantada y la obedece y continúa en ella, la Biblia tiene una manera increíble de perfeccionarle, bendecirle y salvarle la vida". Todas esas cosas son ciertas de la Palabra de Dios.

6. La Biblia es eficaz

Considere las palabras de Isaías 55:11: "así será mi palabra que sale de mi boca; no volverá a mí vacía, sino que hará lo que yo quiero, y será prosperada en aquello para que la envié". La Palabra de Dios es eficaz. Una de las cosas increíbles acerca de enseñar la Palabra de Dios es que hará lo que ha prometido hacer.

Yo pienso muchas veces en esos vendedores que van puerta por puerta haciendo una demostración de su producto que luego no da resultado. Me acuerdo de la historia sobre una señora que vivía en el campo y un vendedor de aspiradoras fue a visitarla con un plan de ventas bastante agresivo. Le dijo: "Tengo el producto más fantástico que usted haya visto jamás. Esta aspiradora arrasa con todo. De hecho, si no la controlo se traga su alfombra". Antes de que ella pudiera responder, él dijo: "Me gustaría hacerle una demostración".

De inmediato se dirigió a la chimenea y arrojó un poco de ceniza en medio de la alfombra. También tenía una bolsa llena de cosas que vació sobre la alfombra. Y entonces dijo: "Quiero que observe cómo aspira todo". Ella se quedó allí de pie, aterrada. Por último le dijo a la señora: "Si no lo aspira absolutamente todo me lo como con una cuchara". Ella lo miró directamente a los ojos y le dijo: "Pues bien, señor, comience a comer, porque no tenemos electricidad".

Es muy malo que su producto no funcione o sea ineficaz. Sin embargo, eso nunca sucede con la Biblia. *Siempre* es eficaz, siempre hace exactamente lo que dice que hará. Esa es una tremenda realidad sobre las Escrituras.

Primera de Tesalonicenses 1:5 es un versículo fabuloso sobre la eficacia de las Escrituras: "Pues nuestro evangelio no llegó a vosotros en palabras solamente, sino también en poder, en el Espíritu Santo y en plena certidumbre…". En otras palabras, cuando uno oye la Palabra de Dios, no son solo palabras. Cuando la Palabra sale tiene poder; tiene el poder del Espíritu Santo, y nosotros tenemos la certeza de que hará lo que dice.

Hasta ahora hemos visto que la Palabra de Dios es *infalible* en su totalidad; *inerrante* en sus partes; *completa*, de manera que no tenemos que agregarle ni quitarle nada; *tiene autoridad*, lo cual quiere decir que es absolutamente veraz y exige nuestra obediencia; *suficiente* para poder hacer a nosotros y por nosotros todo lo que necesitamos, y *eficaz*: hará exactamente lo que dice que hará. Por último…

7. La Biblia es determinante

La Biblia es determinante porque la manera en que usted responde a la Palabra de Dios determina la esencia de su vida y de su destino eterno. En Juan 8:47 Jesús dijo: "El que es de Dios, las palabras de Dios oye; por esto no las oís vosotros, porque no sois de Dios". En otras palabras, la determinación de si una persona es o no de Dios se basa en si escucha la Palabra de Dios. En 1 Corintios 2:9 dice: "Antes bien, como está escrito: Cosas que ojo no vio, ni oído oyó, ni han subido en corazón de hombre, son las que Dios ha preparado para los que le aman". El hombre no podría concebir nunca por sí mismo el dominio que tiene Dios. El hombre nunca podría concebir que él forma parte de ese dominio. El hombre nunca podría concebir desde su propia humanidad, usando su propia lógica, todo lo que Dios ha preparado para él. Sin embargo, los versículos 10-12 dicen: "Pero Dios nos las reveló a nosotros por el Espíritu; porque el Espíritu todo lo escudriña, aun lo profundo de Dios. Porque ¿quién de los hombres sabe las cosas del hombre, sino el espíritu del hombre que está en él? Así tampoco nadie conoció las cosas de Dios, sino el Espíritu de Dios. Y nosotros no hemos recibido el espíritu del mundo, sino el Espíritu que proviene de Dios, para que sepamos lo que Dios nos ha concedido". Luego, el versículo 14 dice: "Pero el hombre natural no percibe las cosas que son del Espíritu de Dios…".

Hay dos clases de personas: las personas que reciben las cosas de Dios y las que no las reciben. Las personas que pueden recibir y las que no pueden. Las personas incrédulas no pueden recibirlas porque no tienen el Espíritu Santo. Pero las personas que conocen a Dios tienen al Espíritu Santo y reciben la Palabra de Dios. La Biblia es el máximo determinante. Los que reciben la Palabra de Dios indican mediante su entendimiento de ella que tienen al Espíritu Santo, y eso demuestra que son creyentes.

Recuerdo haber hablado con un hombre que constantemente admitía que no entendía la Biblia.

Pero no podía, porque no tenía lo único necesario para entenderla: el Espíritu Santo morando en su alma. De manera que la belleza, la gloria y las capacidades de la Palabra de Dios se nos presentan en estas sencillas palabras: es *infalible*, *inerrante*, *completa*, *autorizada*, *suficiente*, *eficaz* y *determinante*. Ahora bien, alguien podría decir: "Es estupendo que la Biblia diga todas esas cosas de sí misma. Si todo eso es cierto, tengo que averiguar esos principios. Pero ¿cómo puedo estar realmente seguro de que sea cierto?".

Vivimos en un mundo en el que, en realidad, las personas no responden muy bien a la autoridad. De hecho, el mundo entero se rebela contra la autoridad. Queremos negar la autoridad del hogar. Ahora se libra una lucha para negar la autoridad del hombre en nuestra sociedad. La mujer quiere luchar contra esta situación que, tal vez en ocasiones, ha sido opresiva para ella. Muchas veces es necesario que haya un poco de equilibrio, pero puede ser una lucha contra la autoridad. Los jóvenes que se encuentran estudiando en la escuela secundaria y la universidad se oponen en ocasiones a los que administran esos centros. En algunos casos hay una especie de actitud antigubernamental. Es una especie de individualismo tosco; todo el mundo es su propio dios. Hemos vuelto a la actitud que dice "Yo soy el amo de mi propio destino. Soy el capitán de mi alma". La verdad es que no queremos responder a la autoridad. Así, cuando uno le dice a alguien: "Me gustaría decirte que la Biblia es la autoridad absoluta. Es totalmente suficiente y eficaz", da la impresión de que estemos diciendo una grosería.

La gente responde diciendo: "¿Y cómo puedo saberlo? No lo aceptaré a menos que me lo puedas demostrar". Entonces, ¿cómo determinamos realmente que la Biblia es veraz? Por supuesto, en última instancia no se puede demostrar que es verdad, pero sí que hay algunas cosas convincentes que hacen que nuestra fe sea sana.

La autenticidad de la Biblia

Existen cinco áreas básicas que demuestran que la Biblia es veraz. La primera es:

1. La experiencia

Yo creo que la Biblia es veraz porque nos da la experiencia que dice que nos dará. Por ejemplo, las Escrituras dicen que Dios perdonará nuestros pecados (1 Jn. 1:9). Yo creo eso. He aceptado su perdón y Él lo concedió. Pero usted podría decir: "¿Cómo lo sabe?". Porque tengo la sensación de estar libre de la culpa; tengo una sensación de perdón. La Biblia dice: "De modo que si alguno está en Cristo, nueva criatura es; las cosas viejas pasaron; he aquí todas son hechas nuevas" (2 Co. 5:17). Un día acudí a Jesucristo y todas las cosas viejas pasaron y se hicieron nuevas. La Biblia cambia vidas. Alguien dijo que una Biblia que se cae a pedazos, por lo general, pertenece a alguien que no se está cayendo a pedazos. Eso es verdad porque la Biblia puede reconstruir vidas. Millones de personas en todo el mundo son pruebas vivientes de que la Biblia es verdad. Lo han experimentado.

A pesar de que este es un gran argumento en cierto sentido, es débil en otro, porque si uno comienza a basarlo todo en la experiencia se encontrará con personas que tienen experiencias bastante raras. Por lo tanto, si usted basa su prueba en la experiencia humana, solamente encontrará problemas. De manera que la experiencia es solo un área de la prueba, y probablemente sea la más débil. Sin embargo, sigue siendo una evidencia para algunos.

Otra cosa que demuestra la validez de la Biblia es:

2. La ciencia

Algunas personas dicen: "La Biblia no es un libro científico; es incorrecto científicamente y no usa lenguaje científico. ¿Por qué dice el Antiguo Testamento que el sol se detuvo? Ahora sabemos que el sol no se detuvo. De hecho, en los tiempos antiguos se creía que el sol giraba alrededor de la Tierra y no al revés. Ese es un error típico de la Biblia". Pero, ¿qué sucedería si la Tierra dejara de girar y *pareciera* que el sol se detuvo (Jos. 10:13)? Al tratar de analizar la afirmación científicamente, la gente todavía ve únicamente lo que parece que sucedió. Esto lo hacemos todos. Cuando uno se levanta por la mañana y mira hacia el este no dice: "¡Caray! ¡Es fantástico cómo gira la Tierra!" No, uno lo llama una salida del sol, y los demás entienden lo que uno está diciendo. De la misma forma, uno no mira hacia el oeste y dice: "¡Qué fantástica rotación de la Tierra!" No, es una puesta de sol.

Cuando alguien le pregunta si desea servirse más comida durante la cena, usted podría decir: "La saciedad gastronómica me advierte que he llegado a un estado de deglución que está en conformidad con la integridad dietética". O podría decir: "No, gracias, ya he comido bastante". No siempre se necesita una respuesta científica para todo. A veces la mera observación es suficiente. La Biblia dice algunas cosas desde el punto de vista de la observación humana. Pero por otro lado, siempre que la Biblia habla sobre un principio científico es muy exacta. De hecho, veamos más de cerca tres áreas que la Biblia aborda.

La primera es la lluvia. En Isaías 55:10 (NVI) dice: "Así como la lluvia y la nieve descienden del cielo, y no vuelven allá sin regar antes la tierra y hacerla fecundar y germinar para que dé semilla al que siembra y pan al que come". Isaías habló siglos antes de que se descubriera siquiera el ciclo hidrológico. Dijo: "La lluvia y la nieve caen y no vuelven hasta que hayan regado la tierra". Sin embargo, la hidrología solamente se ha comprendido en los tiempos modernos. Esto es lo que sucede: la lluvia cae sobre la tierra, la riega, llega a las corrientes, a los ríos, al mar, y desde el mar regresa otra vez a las nubes, que la transportan sobre la tierra, adonde cae de nuevo. El constante ciclo hidrológico está explicado en Isaías 55:10.

Algunos podrían decir: "Bueno, a veces hasta los ciegos encuentran el camino. Tal vez Isaías hizo una conjetura y tuvo suerte". Puede haber cabido esa posibilidad, pero la Biblia habla de la misma información en varios otros pasajes. Job 36:27-29 comenta: "Él atrae las gotas de las aguas, al transformarse el vapor en lluvia, la cual destilan las nubes, goteando en abundancia sobre los hombres. ¿Quién podrá comprender la extensión de las nubes, y el sonido estrepitoso de su morada?". Una vez más vemos una explicación de la lluvia. Compárese también con lo que dice el Salmo 135:7: "Hace subir las nubes de los extremos de la tierra; hace los relámpagos para la lluvia; saca de sus depósitos los vientos". Esa es otra maravillosa mención de la secuencia de la lluvia y de los vapores que ascienden desde el mar para situar de nuevo el agua en las nubes.

Las órbitas fijas de los cuerpos celestiales proporcionan otra observación científica en las Escrituras. Jeremías 31:35-36 y el Salmo 19 hablan de eso. De verdad creo que a medida que usted se adentre en la Biblia encontrará cosas increíbles sobre la ciencia que revelan la veracidad de la Palabra de Dios. No tiene que avergonzarse de la Biblia. Nunca se encontrará con un problema en la Biblia que no pueda resolver de una de dos formas: primero, examinando el resto de las Escrituras y entendiendo cómo interpretarlo; segundo, dándose cuenta de que nunca lo entenderá hasta que se encuentre con Dios. Hay algunas cosas que no comprendemos ni sabemos, pero en las Escrituras no vamos a encontrarnos con errores, ni siquiera desde el punto de vista científico.

Una tercera observación científica tiene que ver con el equilibrio. Dentro de la ciencia de la geología existe un estudio que se llama isostasia, que es bastante nuevo. La isostasia es el estudio del equilibrio de la tierra, y dice que para soportar un peso determinado se necesita un peso igual. Así, el volumen de la tierra debe estar soportado por un volumen igual de agua. Sin embargo, los científicos en realidad no han descubierto nada nuevo. Si volvemos a Isaías, que no era científico sino simplemente un profeta de Dios, encontramos esto: "¿Quién midió las aguas con el hueco de su mano y los cielos con su palmo, con tres dedos juntó el polvo de la tierra, y pesó los montes con balanza y con pesas los collados?" (Is. 40:12). Dios entendía la isostasia. Estudiar la Biblia científicamente es genial.

Se dijo que Herbert Spencer, quien murió en 1903, había descubierto la más grandiosa verdad sobre la clasificación de todas las cosas en el universo. Dijo que todo podía encajar en una de estas cinco categorías: tiempo, fuerza, acción, espacio y materia. El mundo lo consideraba un gran científico, un gran descubridor. Sin embargo, esas cinco categorías están en el primer versículo de la Biblia: "En el principio (tiempo) creó (acción) Dios (fuerza) los cielos (espacio) y la tierra (materia)". Génesis 1:1 nos demuestra que cuando la Biblia habla lo hace con exactitud. Por ende, la ciencia es una buena forma de mostrar la autoridad y la validez de las Escrituras.

3. Cristo

Además de la experiencia y de la ciencia, otra área de gran evidencia sobre la veracidad de la Biblia es la propia vida de Cristo. *Jesucristo mismo creía en la autoridad de la Biblia.* En Mateo 5:18 dice: "Porque de cierto os digo que hasta que pasen el cielo y la tierra, ni una jota ni una tilde pasará de la ley, hasta que todo se haya cumplido". Además, Jesús demostró su confianza en la autoridad de las Escrituras citando desde todas las partes del Antiguo Testamento. Jesús creía en la autoridad absoluta e inspirada de la Palabra de Dios.

4. Los milagros

La cuarta área que prueba que la Biblia es veraz es la de los milagros. La Biblia es un libro divino porque incluye milagros, y eso demuestra que Dios actúa. Tiene que ser un libro sobrenatural debido a toda la actividad sobrenatural sobre la que informa. Hay quienes podrían decir: "¿Cómo se sabe si todos los milagros son verdaderos?". Porque las Escrituras hablan de los milagros y suministran información que los respalda. Por ejemplo, cuando Jesús resucitó de entre los muertos, más de 500 personas lo vieron después de la resurrección. Esos son suficientes testigos para convencer a un jurado. La naturaleza milagrosa de la Biblia habla de Dios.

De manera que la experiencia, la ciencia, el testimonio de Cristo y los milagros de la Biblia demuestran que la Escritura es verdad. Y, aún así, hay una evidencia más convincente.

5. *La profecía*

No hay manera de explicar la predicción que hace la Biblia de acontecimientos históricos a menos que veamos que Dios es su Autor. Peter Stoner, experto en probabilidades matemáticas, escribió en su libro *Science Speaks* [La ciencia habla] que si tomamos tan solo ocho de las profecías del Antiguo Testamento que Cristo cumplió y sumamos las probabilidades de que esas ocho profecías pudieran cumplirse por casualidad, tendríamos una posibilidad entre 10^{17} de que se produjera esa casualidad. Y sin embargo, todos los detalles se han cumplido. Una posibilidad entre 10^{17} sería como llenar el estado de Texas con monedas de plata hasta una altura de poco más de medio metro, poner una X en una de ellas y pedirle a un ciego que escogiera una. El hombre tendría una posibilidad entre 10^{17} de escoger la marcada con la X. Esa es la probabilidad que existe de que esas ocho profecías (con sus detalles específicos) se cumplieran por casualidad. ¡Eso es increíble! Cuando la Biblia habla proféticamente es correcta y contiene literalmente cientos de profecías cumplidas.

De manera que podemos examinar la experiencia, la ciencia, a Cristo, los milagros y las profecías cumplidas para ver que la Biblia es verdad. Es un libro increíble, el tesoro más grandioso que uno se pueda imaginar.

La Biblia es la santa Palabra de Dios; es un recurso magnífico. Pero el cristiano que nunca la aborda con el compromiso intenso de estudiarla está renunciando a una bendición tremenda.

El erudito bíblico Donald G. Barnhouse se encontraba una vez viajando en avión y leyendo el libro de Romanos. Podríamos pensar que él era la última persona en la faz de la tierra que necesitaba leer el libro de Romanos, porque ha escrito tomos enteros sobre él. Sin embargo, estaba leyendo Romanos y en el asiento de al lado había un estudiante de seminario. El estudiante estaba leyendo la revista *Time*, y no dejaba de mirar por encima de la revista porque creía que reconocía al hombre. Finalmente el estudiante le preguntó: "Señor, no quiero interrumpirlo pero ¿no es usted el doctor Donald Barnhouse?".

Cuando el doctor Barnhouse respondió que sí, el estudiante dijo: "Doctor Barnhouse, usted es un maestro fabuloso de las Escrituras. Me gustaría conocer la Biblia tan bien como usted".

El doctor Barnhouse lo miró y le dijo: "Pues puedes comenzar dejando de lado la revista *Time* y leyendo la Biblia". Eso suena tajante, pero tiene razón.

Me acuerdo de un gran maestro de la Biblia a quien se le acercó un joven y le dijo: "Señor, daría el mundo entero por conocer la Biblia como la conoce usted". El maestro lo miró a los ojos y le dijo: "¡Estupendo!, porque eso es exactamente lo que te va a costar".

Es preciso que nos demos cuenta del precioso regalo que es la Biblia. Es el tesoro de Dios. Puede hacer lo que usted necesita que se haga en su vida. Alejarse de ella es impensable.

LOS BENEFICIOS DE ESTUDIAR
LA PALABRA DE DIOS

Quiero mencionar seis áreas que parecen ser los mayores beneficios porque son cosas que se convertirán en su motivación. Mencionaré las dos primeras para concluir este capítulo y presentaré las cuatro restantes en el siguiente.

PRIMER BENEFICIO:
La fuente de la verdad

En Juan 17:17*b*, Jesús oró al Padre y dijo: "Tu palabra es verdad". Esa es una afirmación formidable pero ¿se da cuenta de lo que significa tener la verdad? Muchas veces, cuando hablo a la gente acerca de Jesucristo me dicen: "Es que yo no sé cuál es la verdad". Hasta Pilato llegó a un punto en su vida en que miró a Jesús y dijo: "¿Qué es la verdad?" (Jn. 18:38*a*). Mucha gente piensa así; no obstante, estamos en un mundo que busca la verdad.

En la década de 1980, la gente imprimía casi 3.000 páginas nuevas de información cada 60 segundos. Y sin embargo, la era digital de hoy produce más contenidos de los que cualquier organización pueda contar con exactitud. Una cosa es cierta: nuestra sociedad va en busca de la verdad.

La Biblia incluso dice que los seres humanos están "siempre aprendiendo, y nunca pueden llegar al conocimiento de la verdad" (2 Ti. 3:7). ¿Sabe usted a qué se refiere eso? Recuerdo que cuando estaba en la escuela secundaria, el álgebra me costaba mucho trabajo.

Me iba a casa y trabajaba durante horas en alguno de aquellos problemas de álgebra. Al día siguiente volvía a la escuela sin la respuesta, y eso era muy frustrante para mí. Pero usted también ha tenido ese problema: usted ha trabajado en algún problema y no lo ha resuelto ni ha encontrado la respuesta. Y así le sucede a la gente del mundo. Leen, estudian, piensan, razonan, escuchan, hablan, se relacionan con otros y nunca llegan a la verdad real. Nunca se conforman con nada, y la frustración es abrumadora.

Recuerdo que hablé con un hombre que prácticamente abandonó la sociedad; se olvidó de todo y se metió en las drogas. Se había licenciado en la Universidad de Boston pero vivía en el bosque, durmiendo en una pequeña tienda. Le pregunté: "¿Qué te llevó a hacer esto?".

Él dijo: "Bueno, es que busqué la respuesta durante tanto tiempo que al final decidí perderme en las drogas. Al menos ahora ni siquiera tengo que hacer preguntas". Esa es la desesperación de no conocer nunca la verdad.

El literato Franz Kafka escribió una gran ilustración sobre la educación. Representó una ciudad bombardeada convertida en escombros. Por todas partes había personas sangrando y muriendo; había humo y carbones encendidos. ¡Una ruina total! Pero en medio de la ciudad había una torre de marfil que atravesaba el cielo, de un blanco inmaculado, que las bombas no habían tocado. Entonces aparecía una figura solitaria que se abría paso por entre los escombros. Cuando llegó al alto edificio blanco, entró en él y subió hasta el piso más alto. Llegó a un pasillo oscuro, y al final del mismo había una lucecita. Caminó en la oscuridad hasta que llegó a la luz, se dio la vuelta y caminó hacia el baño. Dentro había un hombre sentado ante una bañera, con una caña de pescar en las manos. El solitario desconocido le dijo. "¡Oiga! ¿Qué está haciendo?".

El hombre contestó: "Estoy pescando".

El extraño miró dentro de la bañera y dijo: "Pero si en la bañera no hay peces ni agua".

El hombre dijo: "Lo sé", y siguió pescando.

Kafka dijo: "Eso es la *educación superior*".

¿Lo ve? El hombre ha perdido la verdad.

Es fantástico darse cuenta —y creo que a veces lo olvidamos— que cada vez que tomamos la Biblia tomamos la verdad. ¡Qué legado tan tremendo tenemos! Sin embargo, no podemos darla por sentado y, por supuesto, no podemos dejarla por ahí tirada. Por tanto, la primera razón por la que creo que tenemos que estudiar la Palabra de Dios es porque es la fuente de la verdad. Jesús dijo: "Si vosotros permaneciereis en mi palabra… conoceréis la verdad y la verdad os hará libres" (Jn. 8:31*b*-32). ¿Qué quiso decir con eso? Igual que el hombre que trabaja en un problema de matemáticas y encuentra la respuesta: es libre. Justo como el científico del laboratorio que vierte las diferentes soluciones en las probetas, y persevera hasta que dice: ¡Eureka! ¡Lo encontré! Y entonces es libre. La humanidad busca, lucha, aborda y busca a tientas la verdad hasta que la encuentra. Entonces la gente es auténticamente libre.

Una razón para estudiar la Biblia es que la verdad se encuentra allí. La verdad sobre Dios, la verdad sobre el hombre, la verdad sobre la vida, la verdad sobre la muerte, la verdad sobre usted y sobre mí, la verdad sobre los hombres, las mujeres, los niños, los maridos, las esposas, los padres y las madres; la verdad sobre los amigos y los enemigos; la verdad sobre cómo debe comportarse en el trabajo y cómo debe ser en su hogar; incluso la verdad sobre cómo debe usted comer y beber, cómo debe vivir, cómo debe pensar. La verdad se encuentra allí. ¡Qué recurso tenemos! Apréciela.

SEGUNDO BENEFICIO:
La fuente de la felicidad

Una segunda razón por la que usted debe querer estudiar la Biblia es porque es la fuente de la felicidad. Algunos prefieren decir "gozo" o "bendición", pero la palabra "felicidad" lo expresa bien. La verdad está allí y nos da felicidad. En el Salmo 19:8*a* leemos: "Los mandamientos de Jehová son rectos, que alegran el corazón". Es el simple hecho de hablar sobre los principios de las Escrituras. Cuando usted empieza a estudiar la Biblia y aprende las grandes verdades que contiene, se emociona. Yo estudio la Biblia mucho porque constantemente enseño y predico la Palabra, pero también la estudio por mí mismo porque la amo mucho, y la emoción que me produce el descubrimiento de grandes verdades de la Palabra de Dios nunca ha disminuido. La mayor emoción que he conocido en mi vida es el regocijo que inunda mi corazón cuando descubro una verdad maravillosa en la Palabra de Dios. De hecho, Proverbios 8:34 dice: "Bienaventurado [feliz] el hombre que me escucha". En Lucas 11:28 Jesús dice: "Bienaventurados [felices] los que oyen la palabra de Dios, y la guardan". ¿Quiere ser una persona feliz? Entonces obedezca la Palabra de Dios.

Me parece asombroso que tanta gente sepa lo que enseña la Biblia, pero no lo obedezcan, y así se pierden la felicidad. Algunas personas dicen: "El libro de Apocalipsis es muy difícil de entender. Yo estudio los otros, pero no quiero meterme en Apocalipsis". Sin embargo, fíjese en lo que dice Apocalipsis 1:3: "Bienaventurado el que lee, y los que oyen las palabras de esta profecía...". La palabra "bienaventurado" significa "feliz". ¿Quiere ser feliz? Lea Apocalipsis. Sí, para ser feliz, lea la Palabra de Dios y responda a ella. Me encanta 1 Juan 1:4 que dice: "Estas cosas os escribimos, para que vuestro gozo sea cumplido".

Luego tenemos una declaración maravillosa hecha por nuestro Señor en ese magnífico capítulo 15 de Juan, en el cual se presenta a Sí mismo como la vid. Dice Jesús (v. 11): "Estas cosas os he hablado, para que mi gozo esté en vosotros, y vuestro gozo sea cumplido". ¡Qué idea tan maravillosa! Gozo por leer las Escrituras.

En Lucas 24 Jesús ya había resucitado de entre los muertos e iba de camino a Emaús con dos discípulos que no lo reconocieron (vv. 13-32). A partir del versículo 24, ellos le dicen a Jesús: "Y fueron algunos de los nuestros al sepulcro, y hallaron así como las mujeres habían dicho, pero a él no le vieron. Entonces él les dijo: ¡Oh insensatos, y tardos de corazón para creer todo lo que los profetas han dicho!". Cristo les está hablando pero ellos no saben quién es Él. "¿No era necesario que el Cristo padeciera estas cosas, y que entrara en su gloria?". Después de su resurrección, nadie sabía quién era Cristo hasta que Él se reveló a Sí mismo. "Y comenzando desde Moisés, y siguiendo por todos los profetas, les declaraba en todas las Escrituras lo que de él decían". Jesús les enseñaba a través de las Escrituras y ellos escuchaban. Luego, mientras comían, de repente fueron iluminados. "Entonces les fueron abiertos los ojos, y le reconocieron; mas él se desapareció de su vista". Y esto me encanta: "Y se decían el uno al otro: ¿No ardía nuestro corazón en nosotros, mientras nos hablaba en el camino, y cuando nos abría las Escrituras?". Cuando Él les abrió las Escrituras, sus corazones prácticamente les ardían en el pecho.

Hay gozo en la Palabra de Dios si uno la obedece. Si uno no guarda su Palabra, no tiene gozo. Sin embargo, yo también agregaría que Dios es generoso. Él no espera de nosotros que podamos guardar todos los principios a la vez sin fallar nunca, sino que todo radica en la actitud del corazón. Si su corazón está comprometido a obedecer la Palabra, Él llenará su vida de gozo. Yo conozco gente que quiere saber la verdad y ser feliz, sobre todo los que son cristianos. Por ende, no hay excusa para que no sepamos la verdad y no vivamos vidas llenas de alegría y gozo. La tenemos disponible en la misma Palabra de Dios.

Repaso

1. ¿Por qué es la Biblia el único Libro, tanto para los vivos como para los que están cerca de la muerte?

2. ¿Cómo podemos saber que la Biblia es infalible en sus escritos originales?

3. ¿Qué palabra describe que la Biblia es verdad en todas sus partes?

4. ¿Qué pasaje de la Biblia da testimonio de su integridad?

5. ¿Por qué la Biblia exige obediencia?

6. Señale algunos versículos que apoyen la autoridad de la Biblia.

7. ¿Para qué cosas es suficiente la Biblia? Explíquelo.

8. ¿Para qué es provechosa la Escritura? Explíquelo (2 Ti. 3:16).

9. Según Santiago 1:21, ¿qué puede hacer la Palabra de Dios cuando usted la recibe?

10. ¿Qué dice sobre la Biblia Isaías 55:11?

11. Explique de qué forma la Biblia es determinante. ¿Cómo pueden los creyentes entender la Palabra de Dios? ¿Por qué no pueden entenderla los incrédulos (1 Co. 2:9-14)?

12. Explique de qué forma la experiencia puede demostrar que la Biblia es verdad. ¿Cuál es la debilidad de usar la experiencia como prueba?

13. ¿Cuáles son las tres áreas de la ciencia que la Biblia aborda?

14. ¿De qué forma apoya la Biblia el principio científico de la hidrología (Is. 55:10)?

15. ¿Qué es el estudio de la isostasia? ¿Qué dice la Biblia al respecto (Is. 40:12)?

16. ¿Qué cinco categorías científicas clásicas se encuentran en el primer versículo de la Biblia?

17. ¿De qué forma reveló Jesucristo su confianza en la autoridad de las Escrituras?

18. ¿Cómo podemos saber que todos los milagros registrados en la Biblia son verdad?

19. ¿Cuál es la única manera de explicar la forma en que la Biblia podía predecir los acontecimientos históricos con precisión?

20. ¿Qué versículo de la Biblia indica que la Palabra de Dios es la fuente de verdad?

21. ¿Qué quiso decir Jesús cuando dijo: "Si permaneciereis en mi palabra… conoceréis la verdad y la verdad os hará libres" (Jn. 8:31-32)?

22. ¿Cuáles son algunas de las verdades que se encuentran en la Biblia?

23. Puesto que la Biblia es la fuente de verdad, ¿qué proporciona al que la cree (Sal. 19:8)?

24. ¿Cómo puede ser usted una persona feliz?

Reflexione

1. Lea 2 Timoteo 3:16-17. ¿De qué formas ha sido la Biblia provechosa para usted para enseñarle doctrina? ¿De qué maneras han usado otros las Escrituras para reprenderle a usted? ¿De qué formas la han usado otros para corregir su andar espiritual? ¿De qué forma han usado otros la Biblia para instruirle en justicia? Así como otros han tenido la oportunidad de usar la Biblia para ayudarle a avanzar en el camino de la perfección, busque oportunidades para que Dios le use de la misma forma en la vida de otra persona.

2. Lea 1 Corintios 2:9-12. ¿Cómo pueden los cristianos conocer la verdad espiritual? Aproveche este momento para dar gracias a Dios por su salvación y porque gracias a ella puede aprender una verdad espiritual. Pídale que le dé un mayor discernimiento en su Palabra. Así como usted desea aprender más de Él, Él quiere que usted se comprometa a estudiar más su Palabra. Haga ese compromiso apartando un tiempo específico todos los días para estudiar la Palabra de Dios.

3. Lea el Salmo 19:7-11. De acuerdo con esos versículos, ¿cuáles son los beneficios de la Palabra de Dios? ¿De qué formas se ha manifestado cada

uno de esos beneficios en su vida? Sea específico. ¿Hasta qué punto desea usted estudiar la Palabra de Dios? Según el versículo 11, ¿cuál es el resultado de obedecer la Palabra de Dios? Como resultado de este estudio, ¿de qué manera ha cambiado su actitud respecto a su estudio de la Biblia? ¿Qué cambios introducirá en su vida para beneficiarse más de su estudio?

2

EL PODER
de la PALABRA en la
VIDA DEL CREYENTE
Parte 2

En el capítulo anterior dijimos que debemos estudiar la Biblia porque es la fuente de la verdad y la felicidad. Jesús dice: "Bienaventurados [felices] los que oyen la palabra de Dios, y la guardan" (Lc. 11:28). Cuando hablamos acerca de obedecer la Palabra de Dios tenemos que diferenciar entre dos clases de obediencia: primero, la obediencia legal, y segundo, la obediencia de la gracia.

La obediencia legal, o podríamos llamarla mejor la obediencia legalista, tiene que ver con el "pacto de obras", el "viejo pacto" o el "pacto mosaico". La obediencia legalista exige una obediencia absoluta, perfecta, sin una sola falta (Gá. 3:10). Si uno falla, ¡se acabó! Un movimiento en falso y no hay nada más que hacer. Ese es el "pacto de las obras", pero a diferencia de él, Dios nos da el "pacto de la gracia".

La obediencia de la gracia tiene que ver con la generosidad, la misericordia y el perdón de Dios. La obediencia legalista dice que más vale que uno cumpla con todas las reglas o estará acabado. La obediencia de la gracia dice que Dios ve en el corazón un espíritu de gracia; si Él ve una disposición sincera de obedecer, llena de amor y humildad, si ve una respuesta positiva a su Palabra, aunque a veces fallemos, nos considerará obedientes. A pesar de que nuestra obediencia de gracia pueda estar llena de defectos, lo que Dios busca es la actitud correcta. Ese es un principio tremendo, que le quiero ilustrar.

Juan 21, uno de mis capítulos favoritos, ilustra vívidamente varias verdades espirituales. Trata de Pedro, que se fue a pescar cuando no debió haberlo hecho. El Señor ya lo había llamado al ministerio, pero cuando él y otros discípulos se fueron a pescar y desobedecieron el llamamiento del Señor, no pescaron nada. Cuando llegó la mañana, Jesús se presentó en la costa y les preguntó si habían pescado algo. Pedro, al igual que el resto, no tenía nada. Fue una lección sensacional para ellos, porque Dios les estaba diciendo: "Si creen que pueden volver a pescar se equivocan. Han sido llamados al ministerio, por lo que eso de pescar se acabó. Yo puedo alejar todos los peces en todos los mares a los cuales se acerquen". Luego Jesús les invitó a desayunar.

El Señor había preparado el desayuno, y me imagino que lo hizo como hacía todo lo demás: "¡Desayuno!"… y ahí estaba el desayuno. Después de haber comido, el versículo 15 nos dice: "Cuando hubieron comido, Jesús dijo a Simón Pedro: Simón, hijo de Jonás, ¿me amas más que éstos?". Esa fue una pregunta interesante. Jesús usó la palabra más grandiosa que hay para el concepto "amor" en el idioma griego, *agapaō*, de la cual obtenemos la palabra *agapē*.

En otras palabras, Jesús dijo: "¿Me requeteamas? ¿Me amas hasta donde se puede amar?". Pedro respondió: "Me caes requetebién". Pedro usó una palabra diferente que se refiere a un amor menor, *phileō*. Y el Señor dijo: "Pastorea mis corderos". La segunda vez, Jesús dijo a Pedro: "Pedro, ¿me requeteamas?". Pedro contestó: "Bueno Señor, te quiero mucho". Jesús le dijo: "Pastorea mis ovejas" (v. 16). ¿Sabe usted por qué Pedro seguía diciendo: "Te quiero mucho" en vez de usar la misma palabra para el amor que usaba Jesús? Sencillo. Su vida no estaba a la altura de esa afirmación. Él sabía que si decía: "Señor, te requeteamo", Jesús le hubiera dicho: "¡Oh! ¿Por eso no me obedeces? ¿Has olvidado que te dije hace mucho tiempo que si me amas guardarás mis mandamientos? ¿Cómo puedes decir que me requeteamas cuando ni siquiera haces lo que digo?". Pedro no estaba dispuesto a caer en esa trampa, por lo que dijo: "Te quiero mucho".

"Le dijo la tercera vez: Simón, hijo de Jonás, ¿me amas?" (v. 17). Jesús dijo: "Pedro, ¿me quieres mucho?". Eso duele. Pedro pensó que estaba siendo justo; ni siquiera iba a reclamar un súper amor, pero Jesús cuestionó el amor que Pedro reclamaba. El versículo continúa diciendo: "Pedro se entristeció de que le dijese la tercera vez: ¿Me amas? [¿Me quieres mucho?] Y le respondió: Señor, tú lo sabes todo; tú sabes que te amo". Pedro dijo: "Señor, tú lo sabes todo, tú sabes que te quiero" (BLA).

Apeló a la doctrina de la omnisciencia. Quería que Jesús leyera su corazón, porque su amor no era evidente en su vida. La doctrina de la omnisciencia es una gran realidad, pero cuando yo era niño, creía que era mala; creía que Dios iba por todas partes espiando a la gente. Ahora me doy cuenta de que si Dios no fuera omnisciente habría muchos días en que no sabría que lo amo, porque no lo manifestaría en mi vida. Así, Pedro dice: "Señor, tú lo sabes todo, tú sabes que te amo".

¿Y sabe usted lo que le dijo el Señor Jesús a Pedro? Jesús miró al discípulo que ni siquiera podía decir que lo amaba con amor supremo, aquel que no podía ni siquiera obedecer, el que no podía siquiera permanecer despierto en una reunión de oración, el que metía la pata cada vez que tenía la oportunidad de hacerlo, que casi se ahoga cuando pudo haber andado sobre el agua, el que quería decir a Jesús que no fuera a la cruz, el que agarró una espada y trató de arrasar con el ejército romano. Y Jesús dijo a ese apóstol que había echado a perder tantas oportunidades: "Tú eres el hombre que necesito". Tres veces le dijo: "Apacienta mis corderos… pastorea mis ovejas… apacienta mis ovejas" (vv. 15-17).

Jesús tuvo en cuenta la actitud del corazón de Pedro, su disposición a obedecer, aun cuando Pedro metió la pata. Dios trabaja con nosotros sobre la premisa de una obediencia de gracia, no una obediencia legal. Pedro era un hombre que desobedeció una y otra vez, pero en realidad, en su corazón, quería obedecer. El espíritu estaba dispuesto pero la carne era débil. El Señor Jesús sabía eso, y así es como Dios nos ve. Dios dice: "Mi Palabra es fuente de gozo si la obedeces y, si obedeces mi Palabra, llenaré tu vida de gozo". Él no quiere decir que si alguna vez falla usted un poquito, ese será el final del gozo y el comienzo de la desgracia. Más bien dice: "Si veo en tu corazón que quieres tener una actitud en tu vida que demuestre compromiso y deseo de obedecer, voy a pasar por alto esos fallos". Es el compromiso profundo lo que Él busca, y esa es la fuente de gozo.

A medida que usted estudia la Palabra y escucha lo que dice, extrae sus principios y los obedece porque tiene en su corazón obedecerlos, entonces Dios derrama bendición y gozo. Sin embargo, si usted obedece mecánicamente de todas las maneras legalistas posibles y en su corazón no desea obedecer, Él nunca le dará el gozo. Hacer buenas obras sin la actitud correcta en el corazón no vale nada.

Permítame mostrarle lo que quiero decir. La Biblia habla de diferentes clases de fruto, y habla del fruto del Espíritu. Antes de que haya fruto en su vida, como por ejemplo, ganar gente para Cristo, y antes de que el fruto exterior signifique algo, tiene que proceder del fruto interior del Espíritu. El fruto de la acción, las cosas que usted hace sin la actitud debida, es puro legalismo: farisaísmo sin gozo. Por otro lado, si usted tiene un corazón de obediencia y manifiesta la actitud correcta, aunque puede que falle por fuera, Dios le dará gozo porque Él ve el espíritu obediente de la gracia en su corazón. Eso es lo que Él desea.

Debemos darnos cuenta de que Dios no nos dice exactamente cuándo vamos a obtener el gozo. Es posible que tengamos que esperar un tiempo. En Juan 16, Jesús dijo a sus discípulos: "Me voy" (v. 16). Ellos se encontraban abatidos porque todos habían dejado su trabajo y llevaban siguiendo a Jesús tres años. Entonces Jesús dijo: "Un día de estos me voy a marchar" (v. 17, paráfrasis). Todos pensaron: *Un momento, nos sumamos a esta empresa pensando que el reino estaba cerca. ¿Qué está pasando?* Estaban muy tristes, por lo que Jesús dijo: "De cierto, de cierto os digo, que vosotros lloraréis y lamentaréis, y el mundo se alegrará; pero aunque vosotros estéis tristes, vuestra tristeza se convertirá en gozo" (Jn. 16:20). En otras palabras, "Han de saber que a veces habrá tristeza antes de que pueda haber gozo". De hecho, si no experimentáramos tristeza no entenderíamos el gozo cuando llegara. Si no conociéramos el dolor, tampoco conoceríamos el placer.

Una vez leí un artículo interesante que decía que la diferencia entre la picazón y el cosquilleo no se puede definir desde el punto de vista médico. Sin embargo, un cosquilleo es algo que le alegra y la picazón es algo que le molesta. La diferencia entre placer y dolor puede ser una línea muy delgada. Por ejemplo, a veces no hay nada más maravilloso que una buena ducha caliente, pero hay que entrar con suavidad para que no nos queme: entonces, de repente, ¡aahh!, la delgada línea entre el dolor y el placer. Si no conociéramos el dolor no conoceríamos el gozo que puede producir el placer.

Cuando estaba en la universidad jugaba al fútbol. Durante todos mis años de universidad me enfrenté a esa delgada línea entre dolor y placer. Uno tortura el cuerpo como un loco, y le duele. Y al mismo tiempo, a uno le encanta y siente una especie de placer perverso.

Repito: creo que una de las razones por las que Dios permite la tristeza en nuestra vida es para que entendamos el gozo cuando llegue. Si obedecemos la Palabra de Dios, Él nos dará ese gozo. Tal vez no de manera instantánea, cuando lo queramos, sino siempre que lo necesitemos. Pase lo que pase en mi vida, externa y circunstancialmente, cuando estudio la Palabra de Dios siento un regocijo que ninguna circunstancia puede afectar.

Entonces, ¿por qué debemos estudiar la Biblia? En nuestro capítulo anterior aprendimos que en primer lugar, es la fuente de la verdad. En segundo lugar, es fuente de felicidad. Pero esos no son los únicos beneficios. Y debemos entender esos beneficios aparte de la obediencia legal.

TERCER BENEFICIO:
La fuente de la victoria

Una tercera fuerza motivadora, y la tercera razón para estudiar la Biblia, es que la Palabra es la fuente de la victoria. Pierdo mucho, y eso no me gusta. Razono que si voy a hacer algo he de hacerlo con la meta de ganar. Mi papá solía decirme cuando yo era pequeño: "Oye una cosa, Johnny, si vas a hacer algo, hazlo lo mejor que puedas. De lo contrario, no vale la pena hacerlo". Yo me crié así, esforzándome por lograr la excelencia.

También veo eso en mi vida cristiana. No me gusta darle ocasión al adversario. No me gusta darle ventaja, como dice en 2 Corintios 2:11. No me gusta ver a Satanás victorioso; no me gusta ver que el mundo me domine; no me gusta ver que la carne venza al espíritu. Yo quiero ganar.

Recuerdo a mi entrenador de fútbol Knute Rockne (el legendario entrenador de fútbol de la Universidad de Notre Dame en la década de 1920) cuando nos daba su típico sermón: "No los pueden vencer si ustedes no permiten que los venzan". Como cristianos, deberíamos pensar así. No hay razón para ceder ante el enemigo, porque a medida que usted estudie la Biblia verá que la Palabra de Dios se convierte en la fuente de victoria.

Haríamos bien en recordar lo que dijo David: "En mi corazón he guardado tus dichos, para no pecar contra ti" (Sal. 119:11). La Palabra, pues, es la fuente de la victoria sobre el pecado. A medida que la Palabra de Dios se asimila, se convierte en el recurso que el Espíritu Santo usa para guiarnos. No tenemos forma de impedir caer en el pecado a menos que podamos llevar la Palabra de Dios a nuestra mente de manera consciente. Permítame que le diga algo básico: Nunca funcionaremos basándonos en lo que no sabemos. Nunca podremos aplicar una verdad o principio que no hayamos descubierto. Por ende, a medida que alimentamos nuestra mente con la Palabra de Dios, ésta se convierte en el recurso por medio del cual el Espíritu de Dios dirige y guía. Ahora, veamos algunos ejemplos específicos de la eficacia de la Palabra.

Victoria sobre Satanás (Mt. 4:1-11)

Mateo 4 ofrece una clásica ilustración de cómo enfrentarse a Satanás con la Palabra de Dios. Dice en el versículo 1: "Entonces Jesús fue llevado por el Espíritu al desierto, para ser tentado por el diablo". La palabra griega *peirasmos* puede significar tanto "tentación" como "prueba". Es una palabra neutra que puede comunicar algo bueno o malo. Desde el punto de vista de Satanás, él quería que fuera malo; desde el punto de vista de Dios, Él sabía que sería bueno. De manera que el Espíritu Santo lo llevó al desierto sabiendo que pasaría la prueba, pero Satanás estaba allí esperando, con la esperanza de que fracasara.

En el versículo 2 leemos: "Y después de haber ayunado cuarenta días y cuarenta noches, tuvo hambre". Eso no es de sorprender, pero es interesante cuando recordamos que Jesús era un ser humano perfecto, sin pecado; por tanto, su cuerpo debió haber tenido poderes más allá de lo que nosotros pudiéramos experimentar. En realidad es asombroso darse cuenta de que no sintió hambre hasta que pasaron aquellos 40 días.

En ese momento, "vino a él el tentador, y le dijo: Si eres Hijo de Dios, di que estas piedras se conviertan en pan".

Lo que Satanás en realidad le estaba diciendo a Jesús era esto: "Óyeme, Tú eres el Hijo de Dios. Te mereces algo mejor. ¿Qué estás haciendo aquí, en este terrible desierto? ¿Qué haces aquí muriéndote de hambre? Eres el Hijo de Dios, busca un poco de satisfacción, haz pan. Te lo mereces". El diablo en realidad estaba tentándolo para que se opusiera al plan de Dios, para que procurara su propia satisfacción. Estaba diciendo: "Haz lo que quieras, no dependas de Dios; Él no ha satisfecho tu necesidad".

Satanás estaba tentando a Jesús para que no confiara en el cuidado de Dios. "Él respondió y dijo: Escrito está: No sólo de pan vivirá el hombre, sino de toda palabra que sale de la boca de Dios". El Señor citó Deuteronomio 8:3. En otras palabras, dijo: "Dios prometió cuidar de Mí, por lo que seguiré confiando en esa promesa y no usaré nunca mis propios poderes para faltar a la promesa de Dios". Jesús afrontó la tentación de Satanás con la Palabra de Dios.

En el versículo 5 leemos: "Entonces el diablo le llevó a la santa ciudad [Jerusalén], y le puso sobre el pináculo del templo". Probablemente se trataba del puntal que sobresalía por encima del valle de Hinom y que estaba a 100 metros por encima del suelo. Satanás dijo: "Échate abajo". Entonces citó las Escrituras: "A sus ángeles mandará acerca de ti" y "En sus manos te sostendrán para que no tropieces con tu pie en piedra". Dijo: "Si quieres confiar en Dios, si deseas creer a Dios, pues bien, ¿por qué no crees realmente y te lanzas desde aquí a ver si Él cumple su Palabra?".

Sin embargo, "Jesús le dijo: Escrito está también: No tentarás al Señor tu Dios" (v. 7). En otras palabras, "No impongas nada a Dios". Cuando uno cree que Dios lo va a cuidar en un viaje, no se acuesta en la autopista. Hay una gran diferencia entre la confianza y la insolencia.

Satanás entonces llevó a Jesús a un monte alto y le mostró los reinos del mundo. Le dijo: "Todo esto te daré, si postrado me adorares". Entonces Jesús le dijo: "Vete, Satanás, porque escrito está: Al Señor tu Dios adorarás, y a él sólo servirás. El diablo entonces le dejó; y he aquí vinieron ángeles y le servían" (vv. 9-11). Dios cumplió todas sus promesas.

La idea es esta: Jesús respondió a la tentación de Satanás tres veces, y cada vez citó el Antiguo Testamento directamente. Como cristianos, lo que nos permite derrotar a Satanás es captar la verdad bíblica en nuestra conciencia. No podemos hacerlo por nuestra propia cuenta. Jesús triunfó sobre el diablo a través de la Palabra de Dios, la fuente de la victoria. Sin embargo, es increíble que la gente todavía se imagine que puede argumentar con Satanás y huir de la tentación por medio de su propia lógica. Eso no se puede hacer. Solo la Palabra de Dios nos da la victoria.

Victoria sobre los demonios (Lc. 4:33-36)

Lucas 4 nos proporciona otra ilustración interesante a partir del versículo 33: "Estaba en la sinagoga un hombre que tenía un espíritu de demonio inmundo, el cual exclamó a gran voz, diciendo: Déjanos; ¿qué tienes con nosotros, Jesús nazareno? ¿Has venido para destruirnos? Yo te conozco quién eres, el Santo de Dios. Y Jesús le reprendió, diciendo: Cállate, y sal de él. Entonces el demonio, derribándole en medio de ellos, salió de él, y no le hizo daño alguno. Y estaban todos maravillados, y hablaban unos a otros, diciendo: ¿Qué palabra es esta, que con autoridad y poder manda a los espíritus inmundos, y salen?".

Una vez más, Jesús estableció su autoridad y poder sobre Satanás con su Palabra. Con una palabra subyugó a una legión de demonios. El pueblo reconoció que Jesús hablaba con autoridad, no como los escribas y los fariseos. La Palabra de Jesucristo es totalmente autorizada. Por ende, cuando usted conozca la Palabra de Dios conocerá la victoria.

Victoria sobre la tentación (Ef. 6:17)

En Efesios 6, vemos que el discurso de Pablo sobre la armadura del cristiano termina con una gran pieza de la armadura: "Y tomad el yelmo de la salvación, y la espada del Espíritu, que es la palabra de Dios" (v. 17). Él dice que la pieza final de la armadura es "la espada del Espíritu, que es la palabra de Dios". Cuando pensamos en una espada, por lo general pensamos en una hoja larga que alguien blande. La palabra griega para ese tipo de espada es *rhomphaia*. Sin embargo, la palabra griega que se usa aquí es *machaira*, que se refiere a una daga corta y pequeña. Por tanto, la espada del Espíritu no es una espada enorme que uno va sacudiendo de un lado a otro esperando que tarde o temprano le arrancará la cabeza a un demonio. No es algo que uno use indiscriminada ni salvajemente. Más bien la espada del Espíritu es una *machaira*, una daga; es incisiva; debe alcanzar un lugar vulnerable, porque de lo contrario no hace ningún daño. La espada del Espíritu no es algo general, sino un arma espiritual muy específica.

Además, el término griego que usa para "palabra" en este versículo no es *logos*. *Logos* es una palabra general: la Biblia es el *logos*; Cristo es el *logos*; o una "palabra" en general es *logos*. Cuando el Nuevo Testamento quiere hablar de algo específico usa la palabra *rhema*. Aquí significa "una declaración específica". De manera que la espada del Espíritu es la declaración específica de la Palabra de Dios que aborda el punto específico de la tentación. Algunas personas podrían decir: "Bueno, yo tengo la espada del Espíritu; poseo una Biblia". Pero usted podría ser propietario de un almacén de Biblias y aún así no tener la espada del Espíritu.

Tener la espada del Espíritu no significa ser dueño de una Biblia, sino conocer el principio específico de la Biblia que se aplica al punto concreto de la tentación. La única manera de que los cristianos alcancen la victoria en la vida cristiana es conociendo los principios de la Palabra de Dios, de manera que puedan aplicarlos a los puntos específicos donde atacan Satanás, el mundo y la carne. A medida que los cristianos se llenan de la Palabra de Dios, ésta se convierte en la fuente de la victoria. No podemos vivir la vida cristiana sin estudiar la Biblia. Es la fuente de la verdad, el gozo y la victoria.

CUARTO BENEFICIO:
La fuente del crecimiento

La Palabra de Dios también es beneficiosa como fuente de crecimiento. Es triste ver a cristianos que no crecen espiritualmente. La razón por la que no crecen es que en realidad no estudian la Palabra. Tal vez vayan a la iglesia pero, cuando van, toman un dedal, lo llenan y lo derraman en los escalones cuando salen. Nunca sucede nada, y eso es triste. Pedro dijo en su primera carta: "Desead, como niños recién nacidos, la leche espiritual no adulterada, para que por ella crezcáis…" (1 P. 2:2). En otras palabras, la Palabra de Dios es la fuente del crecimiento.

Cuando yo era un cristiano joven y estaba en la universidad, participaba en toda clase de actividades, por lo que no crecí mucho. Sin embargo, cuando llegué al seminario y gusté la Palabra de Dios, descubrí que tenía un deseo tan fuerte de la Palabra que apenas podía soportar el anhelo. Tenía un deseo tremendo de crecer, y me di cuenta de que solamente había una forma de lograrlo: tenía que estudiar la Palabra de Dios. Mi crecimiento, pues, estaba en proporción directa con la cantidad de tiempo y esfuerzo que pasaba en el estudio de las Escrituras.

Veamos algunas consideraciones específicas respecto a dicho crecimiento.

Prerrequisitos del crecimiento

Un primer prerrequisito para el crecimiento es la santificación. En 1 Pedro 2:1, es interesante ver cómo primero debemos echar cierto fundamento: "Desechando, pues, toda malicia [griego, *kakia*, 'maldad en general'], todo engaño [la misma palabra griega se usa para 'señuelo'], hipocresía, envidias, y todas las detracciones". En otras palabras, debemos dejar de lado todas las cosas malas, confesar nuestro pecado, enderezar nuestra vida y acudir a la Palabra con un tremendo deseo. Entonces comenzamos a crecer. Cuanto más crecemos, mayor es la emoción. La Palabra es la fuente de vida que nos ayuda a madurar y a fortalecernos; entonces podemos derrotar a Satanás y conocemos mejor a Dios y su carácter. Nos enriquecemos de todas las formas posibles.

Además, tenemos que estudiar. En Juan 6:63*b* Jesús dice: "las palabras que yo os he hablado son espíritu y son vida". Jeremías dijo: "Fueron halladas tus palabras, y yo las comí" (15:16*a*). Eso es lo que se llama alimentarse de la Palabra de Dios. Santiago 1:18*a* dice: "Él, de su voluntad, nos hizo nacer por la palabra de verdad". La Palabra da vida, la sostiene y la edifica. Es un alimento fenomenal. En 1 Timoteo 4:6 dice: "Si esto enseñas a los hermanos, serás buen ministro de Jesucristo, nutrido con las palabras de la fe...". Por tanto, la Palabra nos nutre, nos alimenta, nos edifica y nos hace crecer.

Patrones de crecimiento (1 Jn. 2:13-14).

Dios quiere que maduremos; Él nos quiere edificar;

nos quiere fortalecer. En 1 Juan 2:13 encontramos el patrón de crecimiento: "Os escribo a vosotros, padres, porque conocéis al que es desde el principio. Os escribo a vosotros, jóvenes, porque habéis vencido al maligno. Os escribo a vosotros, hijitos, porque habéis conocido al Padre". Esas son las tres categorías del crecimiento espiritual: no son literalmente niños, jóvenes y padres. Se refiere a tres *niveles* del crecimiento espiritual.

Todos comenzamos como niños: conocemos al Padre. Es el "papá" espiritual. Cuando uno es nuevo en la fe no sabe mucho pero sabe que "Cristo me ama, pues la Biblia dice así". Uno se da cuenta de que Dios es nuestro Padre y eso es genial, pero no tiene mucha madurez espiritual. Por tanto, uno no quiere quedarse ahí; eso sería triste. Hay que pasar al segundo nivel.

¿Cuál es la característica de un joven? Ha vencido —tiempo pasado— al maligno. ¿Quién es el maligno? Satanás. "¿Quiere decir que podría llegar a un punto en mi vida en que realmente pueda vencer a Satanás?". Así es.

¿Cómo? El versículo 14 dice: "Os he escrito a vosotros, padres, porque habéis conocido al que es desde el principio. Os he escrito a vosotros, jóvenes, porque sois fuertes, y la palabra de Dios permanece en vosotros, y habéis vencido al maligno". Para vencer a Satanás hay que ser fuerte, y solo hay una forma de hacerlo: que la Palabra de Dios more en nosotros. ¿Sabe lo que es un joven espiritual? Alguien que de verdad conoce la Palabra.

Esta es la razón por la que digo eso. Según 2 Corintios 11:14, Satanás se disfraza como ángel de luz. Yo creo que pasa un 99% de su tiempo en los sistemas religiosos falsos. Creo que los problemas que tenemos con los bares, la prostitución, la delincuencia, la lascivia del mundo y el resto de la maldad es prácticamente responsabilidad de la carne. Gálatas 5:19-21 enumera las obras de la carne. No me parece que Satanás vaya por ahí molestándonos con los pecados pequeños; yo creo que él elabora sistemas mundiales de maldad. El diablo se presenta como ángel de luz y sus ministros demoníacos son ángeles de luz cuando él trabaja en las religiones falsas.

Un joven espiritual es alguien que vence a Satanás porque conoce la Palabra de Dios lo suficiente como para no dejarse seducir por las religiones falsas. Antes bien, se enoja por ello. Por ejemplo, la característica de un niño espiritual, según Efesios 4:14, es que es llevado "por doquiera de todo viento de doctrina". Los bebés espirituales tienen problemas con la doctrina falsa. Los jóvenes espirituales son personas que conocen la Biblia. Conocen la doctrina, por lo que la doctrina falsa de Satanás no les llama la atención en absoluto.

En el versículo 13*a* Juan dice: "Os escribo a vosotros, padres, porque conocéis al que es desde el principio". ¿Sabe quiénes son los padres? Son los que han ido más allá de las Escrituras. No solo conocen la doctrina, sino que tienen un conocimiento profundo del Dios de la doctrina.

En estos tres pasos tenemos el progreso del crecimiento espiritual. Comenzamos como bebés y a medida que nos alimentamos de la Palabra de Dios, nos fortalecemos. Nunca vencemos totalmente a la carne, pero podemos vencer al mundo; nuestra fe lo logra (1 Jn. 5:4). La carne siempre es un problema, pero podemos tener el gozo de vencer los sistemas religiosos falsos de Satanás. Yo me doy cuenta cuando los hombres y las mujeres llegan al punto de ser jóvenes espirituales. Invariablemente llegan a ese punto en que la religión falsa los enoja, y entonces desean hablar de los movimientos religiosos falsos. Luego, a medida que maduran, ya no están tan preocupados por combatir las religiones alternativas sino que comienzan a gustar quién es Dios. Empiezan a sondear las profundidades de la mente del Dios eterno y se esfuerzan por ser padres espirituales que andan en la presencia del Santo. Ahí es donde debe llevarnos nuestro crecimiento.

Si uno se queda en la etapa de bebé se engaña a sí mismo. También se engaña si se queda en la etapa de joven espiritual y lo único que conoce es doctrina. Es preciso esforzarse por llegar al lugar en que se comienza a andar en la presencia misma del Dios del universo, donde de verdad se empieza a tocar su misma Persona. Ese es el objetivo máximo del crecimiento.

QUINTO BENEFICIO:
La fuente de poder

Debemos estudiar la Palabra de Dios porque es fuente de poder. Es la Palabra de Dios la que nos infunde el poder espiritual, pero no hay nada peor que sentirse un cristiano indefenso. En Hechos 1:8*a* leemos: "Pero recibiréis poder…". La palabra griega que se usa para "poder" es *dunamis*, que significa "poder milagroso" (es la fuente de nuestra palabra "dinamita"). Por ende, alguien podría decir que deberíamos explotar por todo el mundo con ese tremendo poder. Y usted podría pensar: *¿Explotar? ¡Yo ni siquiera produzco un silbido! Soy un desastre.* Y hay quien podría decir que tenemos que estar ganando a gente para Jesucristo. Y usted podría decir: "¿Bromea? Yo no. Yo soy como Moisés, no pu-pu-edo hablar" (véase Éx. 3:10).

A veces nos sentimos atados por nuestras inca-pacidades porque en realidad no conocemos el poder que tenemos a nuestra disposición. La Palabra de Dios nos infundirá poder. Yo me he dado cuenta de que cuanto más conozco la Palabra de Dios, menos temo ninguna situación, porque la Palabra es mi recurso. De hecho, veamos varios versículos para entender por qué la Biblia es un recurso de poder.

Hebreos 4:12: "Porque la palabra de Dios es viva y eficaz, y más cortante que toda espada de dos filos; y penetra hasta partir el alma y el espíritu, las coyunturas y los tuétanos, y discierne los pensamientos y las inten-ciones del corazón". Cuando usted lea la Biblia, le llegará a lo más profundo de su ser. ¡La Biblia es un libro poderoso!

Romanos 1:16: El apóstol Pablo dijo: "Porque no me avergüenzo del evangelio, porque es poder de Dios para salvación a todo aquel que cree…". Cuando uno comparte el evangelio con alguien ve su poder, ya que destruye toda filosofía falsa que se haya edificado con el paso de los años.

Efesios 4:23: "Y renovaos en el espíritu de vuestra mente". Nuestra manera de pensar va a cambiar.

Romanos 12:2 "…sino transformaos por medio de la renovación de vuestro entendimiento…". La vida se transforma.

2 Corintios 3:18: "Por tanto, nosotros todos, mirando a cara descubierta como en un espejo la gloria del Señor, somos transformados de gloria en gloria en la misma imagen, como por el Espíritu del Señor". A medida que nos centremos en la Palabra de Dios, el poder que tendrá en nuestra vida será increíble. Cuando meditamos en ella nos da poder. Cuando nos alimentemos de la Palabra de Dios, ésta se manifestará en nuestra vida. Es nuestra fuente de energía.

Efesios 1:3–3:20: en los primeros tres capítulos de Efesios, el apóstol Pablo enumera varias ideas que quiere que sepamos. Están llenas de teología y contienen algunas grandes verdades:

+ "… Dios… que nos bendijo con toda bendición espiritual en los lugares celestiales en Cristo" (1:3*b*).
+ "… nos hizo aceptos en el Amado" (1:6).
+ "… en quien tenemos redención " (1:7*a*).
+ "En quien tenemos … el perdón de pecados…" (1:7*b*).

- Hemos recibido "toda sabiduría e inteligencia" (1:8).
- Hemos recibido el conocimiento de los tiempos para conocer el plan eterno de Dios (1:9-10).
- Hemos sido "sellados con el Espíritu Santo de la promesa" (1:13).
- Tenemos al Espíritu Santo "que es las arras de nuestra herencia" (1:14).
- Cristo ha derribado "la pared intermedia de separación" (2:14).
- Nos hemos reconciliado "con Dios mediante la cruz en un solo cuerpo" (2:16).
- Somos "conciudadanos de los santos, y miembros de la familia de Dios" (2:19).
- Estamos "siendo juntamente edificados para morada de Dios en el Espíritu" (2:22).
- Tenemos "las inescrutables riquezas de Cristo" (3:8).
- Hemos sido hechos para ver la "dispensación del misterio… escondido desde los siglos en Dios" (3:9).

Todas esas riquezas increíbles son nuestras, y Pablo quiere que las conozcamos. Él dice en 1:17-18 que oró para que Dios "os dé espíritu de sabiduría y de revelación en el conocimiento de él, alumbrando los ojos de vuestro entendimiento, para que sepáis… cuáles [son] las riquezas de la gloria de su herencia en los santos". Por eso dijo que si aprendemos esas verdades entenderemos la verdad de lo que dice en 3:20: "Y a Aquel que es poderoso para hacer todas las cosas mucho más abundantemente de lo que pedimos o entendemos, según el poder que actúa en nosotros". ¿Se da cuenta de los recursos? ¿Alguna vez pensó en el hecho de que puede hacer todo lo piense? ¿Alguna vez pensó que puede hacer más de todo lo que piense? ¿Alguna vez pensó que puede hacer muchísimo más de lo que pide o entiende? Eso es mucho poder, ¿no es cierto? La verdad es que no tiene sentido andar por ahí desplomado cuando uno tiene esa clase de recursos. Alimentarse de la Palabra de Dios tiene un efecto potente. Convierte su vida en una fuente de energía que puede confrontar a cualquiera, en cualquier momento, con la verdad.

Hemos, pues, de estudiar la Palabra de Dios porque es la fuente de la verdad, la felicidad, la victoria, el crecimiento y el poder. Y sin embargo, hay un beneficio clave más en el estudio de la Palabra de Dios.

SEXTO BENEFICIO:
La fuente de guía

Hemos de estudiar la Biblia porque también es fuente de guía. Siempre que quiero saber lo que Dios quiere que yo haga, acudo a la Palabra. Se oye a la gente decir: "Estoy buscando la voluntad de Dios". ¿Acaso se ha *perdido* la voluntad de Dios? Creen que Dios es un personaje ficticio que esconde su voluntad entre los arbustos de la tierra y luego se sienta en el cielo y dice a los creyentes: "Tibio" o "Frío, frío". Eso no es así. La voluntad de Dios es fácil de encontrar; está en su libro. Cuando estudiamos la Biblia encontramos esta frase una y otra vez: "Y esta es la voluntad de Dios".

Por consiguiente, podemos conocer la voluntad de Dios si estudiamos la Palabra de Dios. ¿Qué dice el Salmo 119:105? "Lámpara es a mis pies tu palabra y lumbrera a mi camino". Es bien sencillo: la Palabra es una guía. Si tengo que tomar una decisión busco el pasaje de la Biblia en el que tal vez alguien del Antiguo o del Nuevo Testamento tuvo que lidiar con esa misma decisión. Trato de ver cómo los guió Dios. O voy a un texto de la Biblia que me dé una respuesta directa.

Sin embargo, en este proceso también hay un elemento subjetivo: los cristianos tenemos al Espíritu Santo (Ro. 8:9). En 1 Juan 2:27 dice: "Pero la unción que vosotros recibisteis de él permanece en vosotros, y no tenéis necesidad de que nadie os enseñe; así como la unción misma os enseña todas las cosas...". Cuando estudia la Biblia, el Espíritu Santo que mora en usted toma la Palabra de Dios y hace una aplicación personal que le guía. Esa es una combinación increíble: tener la verdad y al Maestro de la verdad residente en nosotros. Es esa combinación lo que guía al creyente. ¿Qué hemos aprendido? Estudiar la Biblia tiene muchos beneficios. Es fuente de verdad, felicidad, victoria, crecimiento, poder y guía.

Si esto es realmente cierto, si la Biblia va a hacer todas esas cosas, ¿cómo debemos entonces responder? Permítame proporcionarle algunas aplicaciones para que las considere.

1. Créala

Si la Biblia lo dice, créalo. Jesús dijo a los Doce una vez: "¿Queréis acaso iros también vosotros? Le respondió Simón Pedro: Señor, ¿a quién iremos? Tú tienes palabras de vida eterna" (Jn. 6:67-68). Pedro dijo: "No te puedes deshacer de mí. Yo encontré la fuente de la verdad". Si la Palabra de Dios es verdad, espere ahí, créala.

2. Hónrela

Si esta es la Palabra de Dios, hónrela. En Job 23:12*b* encontramos esa magnífica declaración de Job cuando dice: "...Guardé las palabras de su boca más que mi comida". Si la Biblia es la Palabra de Dios y hará todo lo que dijo que haría, entonces créala y hónrela. De hecho, en el Salmo 138:2*b*, el salmista dice: "...Porque has engrandecido tu nombre, y tu palabra sobre todas las cosas". ¿No es increíble? Dios honra la Palabra.

En Éfeso, los ciudadanos adoraban a la diosa Diana. La gente cree que Diana era una joven elegante y hermosa. Pero Diana era una bestia fea, oscura, una de las criaturas más grotescas que se hayan visto jamás. Sin embargo, ellos adoraban a ese ídolo constantemente porque tenían la superstición de que venía del cielo, y por tanto era digna de honor. Permítame decirle algo acerca de la Biblia: esa *sí* que vino del cielo pero aquella estatua, *no*. Por lo tanto, crea la Biblia y hónrela.

3. Ámela

Si toda la Biblia es veraz, más vale que la amemos.

El salmista clamó: "¡Oh, cuánto amo yo tu ley!" (Sal. 119:97). Y me encanta lo que dice en el Salmo 19:10 cuando habla de los estatutos del Señor: "Deseables son más que el oro, y más que mucho oro afinado; y dulces más que miel, y que la que destila del panal". De hecho, los versículos 7-10 del Salmo 19 componen una de las porciones más hermosas de las Escrituras. De manera que si la Biblia lo dice, créalo, hónrelo y ámelo.

4. Obedézcala

Esto lo comentamos antes, pero si la Biblia es veraz, entonces debemos obedecerla. Atienda a la advertencia de 1 Juan 2:5a: "Pero el que guarda su palabra, en éste verdaderamente el amor de Dios se ha perfeccionado…". Si de verdad es lo que dice ser, debemos creerla, honrarla, amarla y obedecerla a cualquier precio. Es interesante ver lo que dice Romanos 6:16a: "¿No sabéis que si os sometéis a alguien como esclavos para obedecerle, sois esclavos de aquel a quien obedecéis…?". Si nos sometemos a Dios como siervos suyos, le obedecemos.

5. Luche por ella

Si la Biblia realmente es veraz, ¡luche por ella! El versículo 3 de Judas dice: "…que contendáis ardientemente por la fe…". "La fe" significa "toda la verdad revelada". La palabra griega que se usa para decir "que contendáis ardientemente" es *epagonizomai*, de la cual obtenemos la palabra "agonizar". Agonice por ella; participe en una batalla para defender la Palabra de Dios. Si es realmente veraz, si puede hacer las cosas que dijimos que puede hacer, créala, hónrela, ámela, obedézcala y luche por ella.

6. Predíquela

En 2 Timoteo 4:2*a*, Pablo dijo simplemente: "Que prediques la palabra". Si realmente es veraz, predíquela. Entonces, si vamos a creerla, honrarla, amarla, obedecerla, luchar por ella y predicarla, tenemos que:

7. Estúdiela

Pablo dice a Timoteo en 2 Timoteo 2:15: "Procura con diligencia presentarte a Dios aprobado, como obrero que no tiene de qué avergonzarse, que usa bien la palabra de verdad". "Usarla bien" significa "cortarla bien". Estúdiela para que la pueda interpretar correctamente: córtela derecho.

Pablo estaba usando el lenguaje de un fabricante de tiendas de la antigüedad. Ese artesano hacía una tienda de muchas pieles diferentes de animales. Tenía que tomar cada una de aquellas pieles y cortar las piezas debidamente para luego unirlo todo. Si no cortaba bien las piezas, el producto final no iba a quedar bien. En otras palabras, Pablo estaba diciendo que no puede haber teología sin exégesis. No se puede tener la verdadera teología del cristianismo a menos que uno interprete los versículos correctamente y los corte derechos, y para eso hay que estudiar.

Charles Spurgeon dijo que todos los cristianos deberían estudiar la Biblia hasta que les corra por la sangre. ¿Sabe lo que decían de Apolos? En el Nuevo Testamento lo alabaron diciendo que él era "poderoso en las Escrituras" (Hch. 18:24). Mi oración por usted es que estudie la Palabra de Dios, la proclame, luche por ella, la obedezca, la ame, la honre y la crea.

Repaso

1. ¿Cuáles son las dos clases de obediencia? Explique las diferencias entre las dos.

2. ¿Por qué no debía ir Pedro a pescar como lo hizo en Juan 21:3? ¿Qué lección le estaba enseñando Dios cuando no pudo atrapar ningún pez?

3. Cuando Jesús cuestionó el amor de Pedro por él, ¿por qué no usó Pedro la misma palabra que Jesús cuando le dijo que lo amaba (Jn. 21:15-17)?

4. ¿A qué apeló Pedro para demostrarle a Cristo que lo amaba? Explíquelo.

5. ¿Sobre qué base aceptó Jesús el compromiso de amor de Pedro para con Él?

6. ¿Cuándo derrama Dios su bendición y su gozo en el creyente?

7. ¿Cómo se llama el fruto producido por una acción realizada sin la debida actitud?

8. ¿Por qué es la tristeza una emoción importante para el creyente?

9. ¿Sobre qué da la victoria a los cristianos la Palabra de Dios? ¿Cómo nos da la victoria?

10. ¿Por qué consideró Dios una prueba la tentación de Satanás a Cristo? ¿Por qué la consideró Satanás una tentación (Mt. 4:1)?

11. ¿Con qué tentó Satanás a Jesús en Mateo 4:3? ¿Cómo respondió Jesús (Mt. 4:4)?

12. ¿Con qué tentó Satanás a Jesús en Mateo 4:5-6? ¿Cómo respondió Jesús (Mt. 4:7)?

13. ¿Cómo pudo Jesús ordenar a una legión de demonios que saliera de un hombre en Lucas 4:33-36?

14. ¿Por qué es la Palabra de Dios como una espada?

15. ¿Cuál es la única manera en que los cristianos conocerán la victoria en su vida?

16. ¿Por qué no crecen espiritualmente algunos cristianos?

17. ¿Cuáles son dos prerrequisitos para el crecimiento espiritual? Explíquelos.

18. ¿Cuál es el patrón de crecimiento bosquejado en 1 Juan 2:13-14?

19. ¿Qué entienden los creyentes cuando están en el primer nivel del crecimiento espiritual?

20. ¿Cuál es la característica del creyente en el segundo nivel del crecimiento espiritual?

21. ¿A qué dedica Satanás la mayor parte de su tiempo (2 Co. 4:4)?

22. ¿Cuál es la característica del creyente en el tercer nivel del crecimiento espiritual?

23. ¿Cuáles son algunos versículos que demuestran por qué la Biblia es un recurso de poder?

24. ¿Cuáles son algunas de las riquezas que Dios ha prometido a los creyentes (Ef. 1:3—3:12)? ¿Qué sucederá cuando aprendamos esas verdades?

25. ¿Cómo puede la Biblia guiar a los creyentes hacia la voluntad de Dios?

26. Puesto que la Biblia es la fuente de verdad, felicidad, victoria, crecimiento, poder y guía, ¿cómo deberían responder los creyentes? Explique cada uno de los mandamientos.

27. Según 2 Timoteo 2:15, ¿por qué necesitamos estudiar la Biblia?

Reflexione

1. Cuando Dios mira en su corazón, ¿qué ve? ¿Lo ve obedeciéndole pero sin querer hacerlo? ¿O ve que usted tiene una sincera disposición a obedecerlo incluso cuando falla? ¿Experimenta felicidad en su andar espiritual? Si no es así, tal vez esté obedeciendo a Dios sin desear verdaderamente hacerlo. En este mismo momento, examine su corazón. Determine con franqueza por qué obedece a Dios. Pídale que le revele sus verdaderos deseos. Si hay algún aspecto de su andar espiritual que no sea sincero, confiéselo a Dios ahora mismo. Pídale que le ayude a adquirir el deseo de obedecerlo en esa área de su vida.

2. Lea otra vez Mateo 4:1-11. Para pasar la prueba que Satanás le hizo, en tres ocasiones Jesús citó una porción específica de las Escrituras que tenía que ver con el ataque de Satanás. ¿Estaría usted dispuesto a defenderse usando la Palabra de Dios si Satanás le atacara? Lea 2 Timoteo 2:15. Usted debe poder manejar la Biblia con precisión. ¿Qué tiene que hacer para conocerla mejor? Comprométase a ello.

3. Vuelva a leer la sección sobre los patrones de crecimiento de "niño" a "joven" y a "padre". ¿En qué nivel de crecimiento está ahora? ¿Cómo lo sabe? ¿Por qué no está en el siguiente nivel? ¿Qué tiene que conocer mejor para ascender al siguiente nivel: la Palabra de Dios o a Dios mismo? ¿Qué clase de compromiso tiene que hacer para conocer mejor su Palabra? ¿Qué clase de compromiso tiene que hacer para conocer mejor a Dios? Mantenga esos compromisos fielmente.

4. Repase las siete respuestas a la Palabra de Dios que hay al final de este capítulo. ¿Cree usted la Palabra de Dios? ¿Cómo se manifiesta eso en su vida? ¿Honra usted la Palabra de Dios? ¿Cómo lo manifiesta? ¿Ama usted la Palabra de Dios? ¿Cómo lo manifiesta? ¿Obedece usted la Palabra de Dios a cualquier precio? Si desea mejorar su motivación a la obediencia, memorice 1 Juan 2:5. ¿Lucha usted

por la Palabra de Dios? ¿Cómo se manifiesta eso en su vida? ¿Predica, enseña o comunica usted la Palabra de Dios a otros? Dé algunos ejemplos de personas a quienes haya podido ministrar a través de la Palabra de Dios. Cuando usted estudie la Palabra de Dios con constancia descubrirá que la cree, la honra, la ama, la obedece, lucha por ella y la predica.

3

¿QUIÉN PUEDE ESTUDIAR la BIBLIA?

En el siglo XIX había un filósofo religioso danés que se llamaba Søren Kierkegaard. Este señor dijo muchas cosas respecto al cristianismo y la religión que no necesariamente aceptaríamos, pero de vez en cuando decía algo bastante profundo. Permítame citar una declaración que hizo: "Muchas veces en la vida eclesiástica la gente adopta una actitud teatral y se imagina que el predicador es un actor y que ellos son sus críticos, los cuales alaban o no las actuaciones. La verdad es que las personas son los actores en el escenario de la vida. El predicador es solamente el apuntador, que les recuerda el guión cuando se les olvida".

Yo creo que Kierkegaard percibió un verdadero problema. Es muy fácil que la gente vaya a la iglesia y la trate como si fuera un teatro, y se siente allí a ver qué pasa. Luego, alaban o critican lo que sucedió. Sin embargo, el propósito de un ministro en el púlpito es estimular a la gente que está en los bancos. La razón por la que estudio y enseño es para estimularle a usted a estudiar y a enseñar. Pero lo triste es que hay muchos cristianos que en realidad no participan; no estudian la Biblia y por eso no la pueden enseñar a nadie más.

Una mujer me dijo una vez en uno de mis congresos: "¿Sabe lo que me hace su predicación?".

Yo contesté: "No tengo la menor idea".

Ella respondió: "Me hace querer estudiar la Biblia". Lo dijo de una manera muy sincera.

Entonces le dije: "Pues creo que ese es el mejor cumplido que me han hecho, que le haga estudiar la Biblia".

De verdad creo que de eso se trata. Mi enseñanza no es para entretener. Yo no predico para presentar un programa que la gente vaya a evaluar. Yo enseño para estimularle a hacer algo por usted mismo. Y eso es conocer la Palabra de Dios y vivirla. Si usted no recibe ese mensaje es porque no entiende nada.

Y lo triste es que hay muchos cristianos que en realidad no hacen eso; no participan ni enseñan la Palabra a nadie más. Y siempre hay muchas distracciones para estudiar y aprender la Palabra.

Sin duda alguna, hay dificultades y distracciones en nuestra ocupada cultura, pero esta no es una buena excusa. Yo pienso en Pablo cuando escribió a Timoteo y le dijo: "Lo que has oído de mí ante muchos testigos, esto encarga a hombres fieles que sean idóneos para enseñar también a otros" (2 Ti. 2:2). En otras palabras, "Timoteo, quiero que lo que yo te dije lo digas a otra persona".

Pablo tuvo que exhortar a Timoteo en ese momento de su vida porque éste tenía muchas dificultades y estaba comenzando a desmayar. Tenía ansiedad y Pablo le había escrito sobre el tema de tomar vino para la afección de su estómago (1 Ti. 5:23). La gente lo molestaba diciendo que era joven, así que Pablo le dijo: "Ninguno tenga en poco tu juventud..." (1 Ti. 4:12*a*), y, "Huye también de las pasiones juveniles" (2 Ti. 2:22). Timoteo estaba combatiendo su juventud, su problema físico; además, era por naturaleza una persona tímida. De manera que Pablo dijo: "Porque no nos ha dado Dios espíritu de cobardía" (2 Ti. 1:7*a*).

Unos falsos maestros religiosos con mucho poder, que habían invadido la iglesia de Éfeso, atacaron a Timoteo. Estaban propagando genealogías y una filosofía que, parece ser, él no podía refutar de inmediato. De manera que Timoteo estaba comenzando a flaquear, pero Pablo le dijo: "No puedes parar ahora. Se ha invertido demasiado en ti. Aférrate a todo lo que yo te he enseñado y enséñalo a otros". De eso se trata. Podemos tener victoria sobre las dificultades y necesitamos compartir la instrucción de Dios con los demás.

Allá por el tiempo en que prediqué mi primer sermón en la iglesia le pedí a mi padre que diera un mensaje a nuestra congregación. Él me había enseñado muchas cosas y me había dado mucho para que yo lo diera a otros. Su padre le había dado a él muchas cosas que dar a los demás. Y lo que yo tengo, lo debo pasar a los demás. Hay que tomarlo, desarrollarlo, aprenderlo y pasarlo a otra persona. Se trata de una carrera de relevos, y todos estamos involucrados.

Consideremos ahora algunas verdades básicas que tenemos que entender al abordar la pregunta "¿Quién puede estudiar la Biblia?". Primero debemos:

Conocer la Palabra

Si vamos a estudiar la Biblia tenemos que estar convencidos de que *tiene que* estudiarse. Eso parece básico, de manera que echemos un vistazo a algunos pasajes de las Escrituras que nos ayudarán a entenderlo.

Primero tenemos a Oseas 4:1-6. Oseas se enfrentaba a la realidad en Israel: que el pueblo de Dios lo había abandonado. Por consiguiente, cayeron en toda clase de pecado. Se convirtieron en una nación adúltera y quebrantaron el voto que le hicieron a Dios. Pero ¿cuál fue su problema básico? ¿Cómo sucedió? ¿Y por qué? Fíjese en lo que él escribe al principio del versículo 1: "Oíd palabra de Jehová, hijos de Israel…". Oseas pone el dedo en la llaga. Cuando una nación deja de escuchar la Palabra del Señor se sume en la confusión y el caos.

Él sigue diciendo: "Porque Jehová contiende con los moradores de la tierra; porque no hay verdad, ni misericordia, ni conocimiento de Dios en la tierra". Ellos habían quitado el fundamento, y cuando el fundamento no está, ¿qué queda? El versículo 2 nos da la respuesta: "Perjurar, mentir, matar, hurtar y adulterar prevalecen, y homicidio tras homicidio se suceden". En otras palabras, cuando uno abandona el fundamento de la Palabra de Dios lo que obtiene es un caos nacional.

Hoy día, en los Estados Unidos, a la gente le preocupa la situación del país; le preocupa el problema de la delincuencia, que cada vez es mayor, la desintegración de la familia, el caos en el gobierno y la tensión económica y los problemas que se derivan de todo ello. La gente tiene todas esas preocupaciones en su corazón. Sin embargo, ninguno de esos problemas se resolverá a menos que haya una reafirmación de la Palabra de Dios como norma absoluta para este país.

Israel falló en los días de Oseas. Cuando uno destruye el fundamento bíblico lo único que obtiene es el caos. A Israel le había comenzado a suceder todo lo malo porque no escuchaba la Palabra del Señor. El versículo 3 dice: "Por lo cual se enlutará la tierra, y se extenuará todo morador de ella, con las bestias del campo y las aves del cielo; y aun los peces del mar morirán".

Todo salió mal. El versículo 6 lo resume así: "Mi pueblo fue destruido". ¿Y por qué? "Porque le faltó conocimiento. Por cuanto desechaste el conocimiento…". Cuando una sociedad rechaza la ley y el conocimiento de Dios, la gente abre las compuertas del caos.

Proverbios 1:20-33 se hace eco del tema de la importancia de conocer la Palabra de Dios. Tal como sucede con una nación, como era el caso de Israel, también sucede en la vida de una persona. Si uno no tiene la Palabra de Dios como base de su vida, como orientación de la conducta, como el fundamento sólido sobre el cual vive, no tiene una verdadera base. El escritor dice: "La sabiduría clama en las calles, alza su voz en las plazas". Luego, en el versículo 22: "¿Hasta cuándo, oh simples, amaréis la simpleza, y los burladores desearán el burlar, y los insensatos aborrecerán la ciencia?". Dice que ellos no quisieron oír (v. 24). La sabiduría está disponible (vv. 23, 25, 33) y nosotros tenemos que prestarle atención; de lo contrario, cosecharemos las consecuencias.

Estudiar la Palabra de Dios es tan importante que es el fundamento de todo. Un juez me escribió una vez para preguntarme: "¿Qué dice la Biblia sobre lo que se debe hacer en el juzgado?". Un médico me preguntó: "¿Qué dice la Biblia sobre cómo debemos disciplinar a nuestros hijos?". Otros médicos me han escrito para preguntar: "¿Qué dice la Biblia sobre el aborto? ¿Qué dice sobre la eutanasia? ¿Qué dice la Biblia sobre cómo hay que tratar a la gente en ciertas situaciones psicológicas y psiquiátricas?". La Palabra de Dios es la norma. No podemos vivir la vida correctamente a menos que tengamos dentro de nosotros el conocimiento de la Palabra de Dios. Por eso, es imperativo que seamos estudiantes de su Palabra.

Romanos 12:2 revela: "No os conforméis a este siglo, sino transformaos…". Pero ¿cómo podemos los cristianos elevarnos por encima del sistema que nos rodea? ¿Cómo ascendemos por encima de la mentalidad mundana de hoy? Pablo dice: "Transformaos por medio de la renovación de vuestro entendimiento, para que comprobéis cuál sea la buena voluntad de Dios, agradable y perfecta". Primero, usted tiene que conocer la Palabra antes de poder vivirla. Si se precipita a tratar de vivir la vida sin el conocimiento de la verdad de Dios se encontrará justo en mitad del sistema del mundo. Este versículo reitera Efesios 4:23, que también nos enseña a "[renovarnos] en el espíritu de [nuestra] mente".

Hay varios pasajes más de las Escrituras que nos instruyen en esta área, entre los que se encuentran:

"Y esto pido en oración, que vuestro amor abunde aun más y más en ciencia y en todo conocimiento" (Fil. 1:9).

"...si hay virtud alguna, si algo digno de alabanza, en esto pensad" (Fil. 4:8*b*).

"...creciendo en el conocimiento de Dios" (Col. 1:10*b*).

"...creced en la gracia y el conocimiento de nuestro Señor y Salvador Jesucristo" (2 P. 3:18*a*).

"A fin de que el hombre de Dios sea perfecto, enteramente preparado para toda buena obra" (2 Ti. 3:17).

"Come, hijo mío, de la miel, porque es buena y el panal es dulce a tu paladar. Así será a tu alma el conocimiento de la sabiduría..." (Pr. 24:13-14*a*). De hecho, en los 31 capítulos de Proverbios se encuentra la amonestación de aprender la verdad de Dios, conocerla, vivirla, y una y otra vez se nos dice que procuremos la sabiduría. Todos los varones hebreos, como parte de su crianza, aprendían el libro de Proverbios para conocer la norma de vida de Dios.

Vivir la Palabra

A medida que conocemos más la Palabra, debemos ponerla en práctica. El conocimiento del que hablan las Escrituras no está separado de la obediencia. Las Escrituras no saben nada de teorías. No saben nada del intelectualismo de la "sabiduría" griega (*sophia* o conocimiento teórico). La idea hebrea de la sabiduría siempre estuvo dentro del contexto de la conducta. De hecho, para los judíos, si no se ponía en práctica el conocimiento de conformidad con la ley de Dios, era porque en realidad no se conocía. *La sabiduría no era solamente un pensamiento; era un andar práctico.*

Por eso, cuando la Biblia nos lleva al conocimiento, la sabiduría, el entendimiento, la iluminación y la percepción, siempre es con miras a la conducta. Uno nunca sabe algo realmente hasta que lo vive.

Hay varios pasajes de las Escrituras que amplían nuestra comprensión de este principio vital:

"…bienaventurados los que oyen la palabra de Dios y la guardan" (Lc. 11:28).

"Si me amais, guardad mis mandamientos" (Jn. 14:15).

"Pues este es el amor a Dios, que guardemos sus mandamientos…" (1 Jn. 5:3*a*).

"¡Quién diera que tuviesen tal corazón, que me temiesen y guardasen todos los días todos mis mandamientos, para que a ellos y a sus hijos les fuese bien para siempre!" (Dt. 5:29).

El Señor dijo a Josué que tenía que estudiar y meditar en la Palabra de Dios. Le dijo: "Nunca se apartará de tu boca este libro de la ley, sino que de día y de noche meditarás en él, para que guardes y hagas conforme a todo lo que en él está escrito; porque entonces harás prosperar tu camino, y todo te saldrá bien" (Jos. 1:8). En otras palabras, "Josué, debes estar comprometido con la ley de Dios".

Cuando la ley se perdió en Israel se produjo un caos. Por fin, cuando la encontraron, el pueblo se puso de pie y la leyó. Se desató un avivamiento porque habían vuelto a encontrar la norma de vida (2 Cr. 34:14-32).

"Mis caminos y mis pensamientos son más altos que los de ustedes; ¡más altos que los cielos sobre la tierra! Así como la lluvia y la nieve descienden del cielo, y no vuelven allá sin regar antes la tierra y hacerla fecundar y germinar para que dé semilla al que siembra y pan al que come, así es también la palabra que sale de mi boca: no volverá a mí vacía, sino que hará lo que yo deseo y cumplirá con mis propósitos" (Is. 55:9-11, NVI). Dios dijo: "Porque como desciende de los cielos la lluvia y la nieve, y riega la tierra, así descenderá mi palabra y dará crecimiento a tu vida".

"Me postraré hacia tu santo templo, y alabaré tu nombre por tu misericordia y tu fidelidad; porque has engrandecido tu nombre, y tu palabra sobre todas las cosas" (Sal. 138:2). David era un hombre con un corazón de adoración y adoró a Dios con estas palabras: "Dios, te adoraré por tu verdad". *No podemos adorar a Dios de verdad, por muy significativo que eso pueda ser en nuestra mente, a menos que le adoremos conforme a la verdad.* En Juan 4:24 Jesús dice: "...y los que le adoran, en espíritu y en verdad es necesario que adoren". No podemos inventar nuestros propios medios de adoración. A diferencia de

Saúl, no podemos ofrecer al Señor muchos animales robados contra su mandamiento y luego decir: "Estoy sirviendo al Señor" (cp. 1 S. 13:10-14). Dios no desea una adoración al estilo de cada uno; la desea conforme a su Palabra. *La adoración verdadera se pone en práctica en la vida de los creyentes que aman la Palabra de Dios.*

"Bienaventurados los perfectos de camino, los que andan en la ley de Jehová. Bienaventurados los que guardan sus testimonios, y con todo el corazón le buscan... En mi corazón he guardado tus dichos, para no pecar contra ti" (Sal. 119:1-2, 11). El Salmo 119 es uno de los poemas más majestuosos de toda la Biblia. Casi todos sus 176 versículos nos enseñan la necesidad de obedecer la Palabra de Dios.

De manera que vemos que las Escrituras nos llaman a obedecer la Palabra. Pasaje tras pasaje nos hablan de la importancia que tiene como Palabra de Dios.

¿Le puedo pedir que haga un pacto en su corazón? No se lo quiero imponer. Quiero que lo haga porque es lo correcto. Tal vez diga usted: "Pues este asunto de estudiar la Biblia es un trabajo arduo". Es cierto, pero estas cosas fueron escritas "para que vuestro gozo sea cumplido" (Jn. 15:11*b*). ¿Desea pleno gozo en su vida? Para eso escribió Dios la Biblia. El pacto al que me refiero fue hecho por el rey Josías, y Dios lo bendijo de verdad por ello.

En 2 Crónicas 34:31 dice: "Y estando el rey en pie en su sitio, hizo delante de Jehová pacto...". Este joven, Josías, fue como un haz de luz en medio de la oscuridad de la antigua Israel. Era un hombre piadoso e hizo un pacto delante del Señor: "de caminar en pos de Jehová y de guardar sus mandamientos, sus testimonios y sus estatutos, con todo su corazón y con toda su alma, *poniendo por obra las palabras del pacto que estaban escritas en aquel libro*" (cursivas añadidas). Josías dijo: "Señor, mientras tenga vida, hoy hago votos de aprender y poner en práctica tu Palabra". Por eso era diferente de todos los que le precedieron y le siguieron. Nosotros también podemos sobresalir si hacemos ese mismo pacto con el Señor. ¿Está usted dispuesto a hacerlo?

Ahora volvemos a nuestra pregunta principal: ¿quién puede realmente estudiar la Biblia? Ya he dicho que todo el mundo *debería* estudiarla, pero ¿quién *puede* estudiarla y beneficiarse de ello? Tal vez piense usted que tiene que asistir a clases, o a un seminario, o buscar muchos libros para entenderla. ¿De verdad lo cree?

Hay personas que dicen entender la Biblia y que llaman a su puerta y le ofrecen explicársela. Pero ¿quién puede realmente entender la Biblia? ¿Cuáles son los requisitos básicos? En lo que queda de este capítulo voy a explicar seis requisitos que hay que cumplir para poder entender la Biblia.

PRIMER REQUISITO:
Ser creyentes

El estudio de la Biblia es un trabajo arduo que tiene que empezar dentro de su propio corazón. Aparte de Cristo, usted nunca comprenderá su mensaje.

Los creyentes pueden entender

Para entender la Biblia, una persona tiene que ser un verdadero cristiano. "¿Quiere decir que si usted no se ha regenerado no puede entender la Biblia?". ¡Así es! En 1 Corintios 2:10 encontramos una reflexión tremenda. Dice: "Pero Dios nos las reveló a nosotros por el Espíritu". La palabra "las" se refiere a las verdades, los principios o la Palabra. Pero *¿quién* las recibe? Note la frasecita "a nosotros". Eso puede no parecer demasiado importante en el idioma español, pero es importante en el griego porque "a nosotros" está al principio de la oración, que es la posición de énfasis. Pablo está diciendo que la revelación de la verdad de Dios es "a nosotros" y el "nosotros" se refiere a los creyentes. Esto es en contraste con aquellos a quienes se refirió anteriormente. De 1 Corintios 1:18 a 2:9, habla sobre lo ignorantes que son los filósofos del mundo con respecto a la verdad de Dios.

Pero *¿por qué* no pueden conocer la verdad de Dios? Porque dice en 2:9: "ojo no vio". Los filósofos del mundo no pueden verla empíricamente. No la pueden averiguar mediante un descubrimiento. Luego, "ni han subido en corazón de hombre". No la pueden encontrar por sus propios sentimientos, ni emociones, ni por sus propias meditaciones, ni por su propia experiencia espiritual. La verdad de Dios no está disponible externa ni internamente, por muy inteligente que pueda ser un filósofo.

¿Por qué? Porque Dios nos la ha revelado "a nosotros", no a ellos. Pablo dice en el versículo 6 que hay algunos que están en el mundo que hablan sabiduría humana

—"los príncipes de este siglo"— pero ninguno de esos príncipes conoce la verdad (v. 8). No está disponible para ellos. ¿Por qué? Porque en su humanidad no *pueden* conocerla. El versículo 11 dice: "Porque ¿quién de los hombres sabe las cosas del hombre, sino el espíritu del hombre que está en él? Así tampoco nadie conoció las cosas de Dios, sino el Espíritu de Dios".

Si una persona no tiene al Espíritu morando en ella, no puede conocer la verdad de Dios. Tal vez crea que sabe algunas cosas y puede tratar de entender algunas, pero en realidad no las puede conocer, al menos no en el sentido de conocer y poner en práctica esa verdad en su vida. Sin embargo, respecto a los cristianos, el versículo 12 dice: "Y nosotros no hemos recibido el espíritu del mundo…". El "espíritu del mundo" es sinónimo de la razón humana. Los cristianos no dependen de la razón humana; nosotros dependemos del "Espíritu que proviene de Dios". Y gracias a Él sabemos "lo que Dios nos ha concedido".

Los incrédulos no pueden entender

La esencia del incrédulo se resume en 1 Corintios 2:14: "Pero el hombre natural no percibe las cosas que son del Espíritu de Dios, porque para él son locura, y no las puede entender, porque se han de discernir espiritualmente". Si usted no es creyente, en realidad no puede percibir con entendimiento la verdad de Dios. Es semejante al versículo 11: un hombre no puede saber nada sobre sí mismo a menos que lo sepa en su espíritu.

Un cuerpo muerto no sabe nada porque no tiene espíritu. De la misma forma, una persona sin el Espíritu de Dios es como un cuerpo físicamente muerto, porque no puede saber nada espiritualmente. Un aspecto primordial de la muerte espiritual es la ausencia del conocimiento de Dios debido a la ausencia del Espíritu de Dios.

Entonces, sin conocer a Cristo uno no puede conocer la Biblia. Eso es lo malo de los sistemas religiosos alternativos; fabrican una teología elaborada pero ni siquiera conocen a Dios y niegan a Jesucristo. Por tanto, suman confusión a confusión y la verdad se confunde irremediablemente. La verdad está disponible solamente para aquellos que conocen y aman al Señor Jesucristo.

Martín Lutero dijo una vez: "El hombre es como una estatua de sal, como la mujer de Lot, como un leño o una piedra, como una estatua sin vida que no usa ni ojos ni boca, ni sentidos ni corazón hasta que el Espíritu Santo convierte y regenera al hombre. Y hasta que eso sucede, el hombre nunca conoce la verdad de Dios". De manera que lo esencial en el conocimiento de la Biblia es que usted conozca a Dios a través de Jesucristo; el corazón creyente entiende la Palabra de Dios.

Nuestro Señor hace un profundo comentario en Juan 8:44 cuando dice a los fariseos: "Vosotros sois de vuestro padre el diablo… porque es mentiroso, y padre de mentira". Entonces dice en el versículo 45: "Y a mí, porque digo la verdad, no me creéis". ¡Asombroso! La razón por la que no le creyeron era porque Él les decía la verdad, y eso era algo que ellos no podían percibir. Esa es la condición de la gente no regenerada. Si usted les dice la verdad, no la reciben porque no *pueden* percibirla.

Sin embargo, yo creo que hay un momento en el cual un incrédulo se abre a Dios. Cuando tiene un corazón inquieto dice: "Señor, enséñame tu verdad. Quiero saber si Cristo es real". Si hay un corazón abierto, hay un momento de transición en que la verdad llega a la persona y ésta se regenera. En general, el hombre natural nunca conocerá la verdad cuando razone usando su propia mente. Solo si abre su corazón para ser instruido por Dios y comienza a buscar a Cristo es cuando la verdad se hace evidente. Entonces, una vez es converso, el Espíritu estará dentro de él para enseñarle la verdad.

SEGUNDO REQUISITO:
Ser diligentes

Para estudiar la Biblia tenemos que ser diligentes. No podemos estudiar las Escrituras fortuitamente. Tiene que haber el compromiso de estudiarla. Echemos un vistazo a tres pasajes clave para ver lo que quiero decir.

Hechos 17:10-12

En Hechos 17, el apóstol Pablo iba de un sitio a otro en su ministerio a los gentiles. Había estado en Tesalónica y desde allí fue hacia el sur, a Berea. Comenzando en el versículo 10: "Inmediatamente, los hermanos enviaron de noche a Pablo y a Silas hasta Berea. Y ellos, habiendo llegado, entraron en la sinagoga de los judíos. Y éstos eran más nobles que los que estaban en Tesalónica, pues recibieron la palabra con toda solicitud…". Aquí tenemos unas mentes abiertas listas para recibir la Palabra, "escudriñando cada día las Escrituras para ver si estas cosas eran así. Así que creyeron muchos de ellos". Eran más nobles que el resto porque eran diligentes en su estudio de las Escrituras.

Yo creo que ellos eran verdaderos santos que conocían a Dios conforme a los términos del Antiguo Testamento. Sus corazones estaban abiertos de par en par cuando el evangelio llegó, porque estaban dispuestos a recibirlo y escudriñaban con diligencia. A propósito, la palabra "escudriñar" es un término judicial que significa "realizar una investigación". Realmente se dedicaron a ver si las Escrituras eran verdad. La Biblia no se puede estudiar de manera casual.

2 Timoteo 2:15

En este versículo, Pablo usa una palabra sumamente fuerte: "Procura con *diligencia* presentarte a Dios aprobado, como obrero que no tiene de qué avergonzarse, que usa bien la palabra de verdad" (cursivas añadidas). Tenemos que trabajar ardua y concienzudamente en nuestro estudio de la Biblia.

¿Para qué? Para usarla de forma adecuada. De lo contrario, tendremos algo de qué avergonzarnos y no estaremos aprobados. La palabra "aprobado" es genial. En el griego es *dokimos*, que significa "demostrado, probado, de una alta calidad evidente". Un cristiano de alta calidad, un cristiano aprobado, que no tiene faltas de las cuales avergonzarse, es un creyente que es diligente en el estudio de la Palabra de Dios.

Las palabras "que usa bien" significan literalmente "que corta derecho". Pablo usó esas palabras porque él hacía tiendas con las pieles de las cabras, y tenía que cortar los cueros debidamente para que encajaran. Pablo dijo que tenemos que "cortar derecho" todas las porciones de las Escrituras. De lo contrario, no van a encajar. Uno no puede entender el todo a menos que sepa qué hacer con las partes. Es preciso cortar derecho todas las porciones de la Palabra de Dios y luego encajarlas todas. Eso requiere trabajo. Como dijera una vez G. Campbell Morgan: "El noventa y cinco por ciento de la inspiración es sudoración".

1 Timoteo 5:17

"Los ancianos que gobiernan bien, sean tenidos por dignos de doble honor, mayormente los que trabajan [trabajan arduamente] en predicar y enseñar". Aquí Pablo usa la palabra *kopiaō* ("trabajan"), que es un verbo en griego que quiere decir "trabajar hasta sudar y llegar al agotamiento". Cuando se escudriñan las Escrituras tiene que haber un compromiso con la diligencia y un arduo trabajo.

Si uno va a ser estudioso de la Biblia, si va a hacer un compromiso personal para aprender las Escrituras: primero, hay que conocer a Jesucristo como Señor y Salvador para tener al Espíritu Santo de maestro. Segundo, hay que ser diligente.

TERCER REQUISITO:
Tener un gran deseo

En tercer lugar, y tal vez este deba ser el punto culminante de nuestros pensamientos, los que entienden la Biblia son los que tienen un gran deseo de hacerlo. Uno no se vuelve un buen estudiante de la Biblia por casualidad. Hay que desearlo. Veamos cómo ilustran las Escrituras esa necesidad:

Tener hambre de la Palabra (1 P. 2:2)

"Desead, como niños recién nacidos, la leche espiritual no adulterada, para que por ella crezcáis...". Los bebés desean una cosa: leche. No les interesa nada más. No les interesa saber cuál es el color de las cortinas ni de la alfombra; no les interesa saber el color del pijama que tienen puesta, ni el color del auto que uno compre: los bebés quieren leche. Los bebés solamente piensan en una cosa, y Pedro dijo: "Así como los bebés desean leche, y solamente leche, así debe ser nuestra hambre por la Palabra".

La gente me pregunta a veces por qué nuestra iglesia estudia la Biblia. Hay pastores que dicen: "Su iglesia ha crecido gracias a la enseñanza de la Biblia. Me gustaría hacer eso y edificar una iglesia". Pero lo que realmente desean hacer es usar la enseñanza de la Biblia como medio para edificar una iglesia, y no para satisfacer su propia hambre. Esto no funciona como si fuera un truco. Hay que tener *hambre* de la Palabra.

Buscar la Palabra (Job 28:1-18)

Me encanta lo que dice en Proverbios 2:4 respecto al conocimiento y la inteligencia: "Búscala como si fuera plata". ¿Se imagina lo mucho que trabaja la gente para encontrar plata? Así es como debemos buscar el conocimiento de la Palabra de Dios. En el capítulo 28, Job da un tremendo discurso sobre la minería y luego lo aplica a la Palabra. Comienza en el versículo 1: "Ciertamente la plata tiene sus veneros, y el oro lugar donde se refina. El hierro se saca del polvo, y de la piedra se funde el cobre".

Dice que los hombres hacen grandes esfuerzos en la minería. "A las tinieblas ponen término, y examinan todo a la perfección, las piedras que hay en oscuridad y en sombra de muerte" (v. 3). Dice que horadan la tierra como los topos, en medio de la oscuridad más profunda, y se rodean de muchos peligros. Hacen lo que sea para encontrar lo que están buscando. "Abren minas lejos de lo habitado, en lugares olvidados, donde el pie no pasa. Son suspendidos y balanceados, lejos de los demás hombres" (v. 4). La idea es la de cambiar la configuración de la tierra minándola y cavándola. El versículo 9 dice que literalmente trastornan de raíz los montes. En el versículo 7 van a donde no ha ido nunca ningún ave, y en el versículo 8: "Nunca la pisaron animales fieros, ni león pasó por ella". En los versículos 10-11, abren ríos entre los peñascos y los represan en otros lugares. Hacen toda esa excavación para encontrar un metal precioso.

En la sociedad contemporánea, cavamos y cazamos y hacemos grandes esfuerzos para comprar oro y plata y ponérnoslos en los dedos o colgárnoslos de los brazos, el cuello y las orejas. Imagínese el gasto que implica todo eso. Buscamos metales preciosos y hacemos grandes esfuerzos para eso; sin embargo, con todo el avance, toda la tecnología, todo el lujo, el oro y la plata, lo único que no tenemos es sabiduría. Job hace hincapié en esto claramente en el versículo 12: "Mas ¿dónde se hallará la sabiduría? ¿Dónde está el lugar de la inteligencia?". ¿Dónde podemos encontrar inteligencia?

"El abismo dice: No está en mí; y el mar dijo: Ni conmigo. No se dará por oro, ni su precio será a peso de plata. No puede ser apreciada con oro de Ofir, ni con ónice precioso, ni con zafiro. El oro no se le igualará, ni el diamante, ni se cambiará por alhajas de oro fino. No se hará mención de coral ni de perlas; la sabiduría es mejor que las piedras preciosas (vv. 14-18). En otras palabras, Job dice que en la tierra de la humanidad, y en la economía humana, no se halla la sabiduría. Lo que esto implica es que la humanidad es tonta al emplear tanta energía para encontrar metales y no dedicar ninguna a encontrar la verdad. Dios nos ayuda a buscar la sabiduría en su Palabra, tanto como la gente busca metales preciosos en la tierra.

Atesorar la Palabra (Job 23:12b)

¿Tiene usted deseo de su Palabra? ¿Siente usted una pasión abrumadora por su Palabra? Aquí tenemos un gran versículo: "...Guardé las palabras de su boca más que mi comida". Si tuviera que decidir entre trabajar por

mi comida o estudiar la Biblia, escogería su Palabra. Si
tuviera que decidir entre tomar comida o alimentarme
de la Palabra, elegiría su Palabra; porque yo la atesoro
por encima de todo lo demás. Esa es la clase de hambre
a la que el salmista debía referirse cuando dijo: "¡Oh,
cuánto amo yo tu ley!" (Sal. 119:97). Dice en el Salmo
19:10*b* que la verdad era "más dulce que miel, y que la
que destila del panal". Por tanto, hemos de tener un gran
deseo de la Palabra de Dios.

Pero ¿y si uno no tiene ese deseo? ¿Cómo se obtiene?
Incluso si uno parece no tener el deseo, todos estos
requisitos se unen. Si usted ha nacido de nuevo, ese
es solamente el primer requisito. Si usted ha nacido
de nuevo y es diligente, esos son los dos primeros. Si
usted ha nacido de nuevo, es diligente y tiene un gran
deseo ya cumple tres, pero hay más. Y si es débil en
uno de ellos será fortalecido por otro deseo. ¿Cuál es
el cuarto requisito para la persona que puede estudiar
la Biblia?

CUARTO REQUISITO:
Ser santos

Para estudiar la Palabra de Dios debe haber santidad.
¿De dónde sacamos eso? Veamos dos versículos de Pedro
y Santiago para que nos ayuden a definir la santidad.

1 Pedro 2:1

"Desechando, pues, toda malicia [griego, *kakia*,
'maldad en general'], todo engaño, hipocresía, envidias,

y todas las detracciones". En otras palabras, corrija sus errores, mantenga la santidad, siga la justicia, purifique su vida y luego, "desead, como niños recién nacidos, la leche espiritual no adulterada, para que por ella crezcáis…" (v. 2). Si el deseo no está presente, entonces más vale que vuelva al versículo 1. ¿Se da cuenta de por qué dije que hay que tomarlos juntos? Si usted ha nacido de nuevo y es santo y justo (lidia con el pecado confesándolo), el deseo diligente de estudiar nacerá del hecho de que usted ha nacido de nuevo, y gracias a la santidad que hay en su vida.

Santiago 1:21

Al final del versículo dice: "Recibid con mansedumbre la palabra implantada". Reciba la Palabra con humildad. Esa es una gran idea, pero eso no se puede hacer a menos que vaya a la primera parte del versículo: "Por lo cual, desechando toda inmundicia y abundancia de malicia, recibid con mansedumbre la palabra implantada". La Palabra no puede hacer su obra en una vida pecaminosa porque no es un mero concepto: es una realidad viva. No es solo una idea; es la vida.

Entonces, ¿qué nos dice la Palabra de Dios? ¿Quién puede estudiar la Biblia? Alguien que haya nacido de nuevo; alguien que esté dispuesto a ser diligente y escudriñe las Escrituras; alguien que tenga un fuerte deseo y hambre de la Palabra, un deseo que nace de la santidad y la justicia.

QUINTO REQUISITO:
Estar controlados por el Espíritu

Para estudiar la Palabra de Dios con eficacia debe estar controlado por el Espíritu. ¡Qué maravilloso es estudiar las Escrituras y saber que no solo tengo la página en mi mano, sino que tengo a su Autor en mi corazón! El Autor y Maestro es el Espíritu de Dios. En 1 Juan 2:20 dice: "Pero vosotros tenéis la unción del Santo, y conocéis todas las cosas". Leído aisladamente, tal vez ese versículo no tenga sentido, pero permítame darle el contexto. Juan estaba hablando de los falsos maestros: los anticristos. Los gnósticos, que eran un grupo de personas que creían que lo sabían todo (griego *gnōsis*, "saber"), decían: "Sabemos porque tenemos una unción". Ellos creían que tenían una unción especial que los elevaba por encima de todo el mundo. Pero Juan dijo a los cristianos: "Ustedes son los que tienen la unción. No tienen una unción gnóstica mística; tienen una unción del Santo, y saben todas las cosas".

En el versículo 27 amplía el mismo pensamiento: "Pero la unción que vosotros recibisteis de él permanece en vosotros…". ¿Qué es esa unción que vive en nosotros? Es el Espíritu de Dios. Y puesto que el Espíritu de Dios vive dentro de nosotros, no tenemos necesidad de maestros humanos, porque Él nos enseña. Juan dijo que no necesitamos maestros que nos enseñen sabiduría humana. ¿Por qué? Porque tenemos una unción: el Espíritu de Dios.

Es evidente, pues, que necesitamos nacer de nuevo, ser diligentes, tener un fuerte deseo, vivir una vida santa y estar llenos del Espíritu y controlados por Él, porque el Espíritu es el que nos enseña y aplica la Palabra de Dios a nuestra vida. Sin embargo, hay un requisito final para la persona que puede estudiar la Biblia.

SEXTO REQUISITO:
Orar

Todos esos otros requisitos deben juntarse en un ambiente de oración. Hasta podría dibujar un círculo alrededor de los otros cinco requisitos e incluirlos en la oración. Yo creo que nuestro estudio de la Biblia debe surgir de la oración. Cuando yo estudio la Biblia hago esta sencilla oración: "Señor, ahora que me acerco a tu Palabra muéstrame tu verdad y enséñame lo que tengo que saber". Yo nunca me acercaría a las Escrituras sin buscar primero a Dios en oración.

Pablo dice en Efesios 1:15-18a: "...No ceso de dar gracias por vosotros, haciendo memoria de vosotros en mis oraciones, para que el Dios de nuestro Señor Jesucristo, el Padre de gloria, os dé espíritu de sabiduría y de revelación en el conocimiento de él". Pablo dice: "Estoy orando por ustedes". ¿Por qué oras, Pablo? "Para que sepan, para que sean abiertos sus ojos, para que entiendan y vean la verdad". Si Pablo oraba por nosotros para que entendiéramos la Palabra de Dios, hacemos bien al orar como lo hizo él.

¿Quién puede estudiar la Biblia? Si usted no es la *persona* correcta, el *cómo* lo haga no importa. ¿Ha nacido de nuevo? ¿Siente un intenso deseo en su corazón? ¿Es diligente? ¿Santo? ¿Está controlado por el Espíritu? ¿Ora? Si ha respondido que sí, entonces puede abrir las páginas de la Biblia y Dios revelará sus verdades a su corazón. Cuando su vida esté bien, el método de cómo estudiar la Biblia será productivo y transformador a medida que lo ponga en práctica.

Repaso

1. ¿Cuál es el propósito del ministerio del predicador desde el púlpito?
2. ¿Cuáles fueron algunos de los problemas a los que Timoteo se enfrentó en su ministerio? ¿Qué lo animó a hacer Pablo (2 Ti. 2:2)?
3. ¿Qué sucede cuando una nación deja de escuchar la Palabra de Dios (Os. 4:1-2)?
4. ¿Qué clase de fundamento tiene una persona si no tiene la Palabra de Dios como base?
5. ¿Cómo puede un cristiano elevarse por encima de la corrupción del sistema del mundo (Ro. 12:2)?
6. ¿Que precepto encontramos en los 31 capítulos de Proverbios?
7. Describa las diferencias entre los conceptos griego y hebreo de la sabiduría. ¿Qué concepto sigue la Biblia?

8. ¿Cuál es la única manera en que realmente podemos adorar a Dios (Jn. 4:24)? ¿Cómo se manifiesta?

9. ¿Qué es lo que enseña el Salmo 119 principalmente?

10. ¿Cuál fue el pacto que hizo Josías en 2 Crónicas 34:31?

11. ¿Quiénes son las únicas personas que pueden entender la Biblia? ¿Por qué no puede entenderla nadie más (1 Co. 2:9-14)?

12. ¿Por qué una persona sin el Espíritu de Dios es como un cuerpo muerto?

13. ¿Cuál fue la respuesta de los fariseos cuando Jesús les dijo la verdad (Jn. 8:45)?

14. ¿Cuál es la única manera en que la persona natural puede comenzar a conocer la verdad de Dios?

15. ¿Por qué eran los de Berea más nobles y tenían una mente más abierta que los de Tesalónica (Hch. 17:10-11)?

16. Los bereanos escudriñaban las Escrituras (Hch. 17:11). ¿Qué significa eso?

17. ¿Por qué tenemos que ser diligentes en nuestro estudio de la Biblia? Explíquelo (2 Ti. 2:15).

18. ¿Cuánto debe esforzarse en su estudio de la Biblia (1 Ti. 5:17)?

19. ¿Cómo deberían ser los cristianos en su hambre por la Palabra de Dios (1 P. 2:2)?

20. ¿Qué dice Proverbios 2:4 sobre cómo debemos procurar el conocimiento y la inteligencia?

21. Para estudiar la Biblia, una persona tiene que ser santa. Pero ¿cómo se santifica? ¿Cómo contribuye

eso a su deseo de estudiar la Palabra de Dios (1 P. 2:1-2)?

22. ¿Quién nos enseña cuándo estudiar la Biblia (1 Jn. 2:20, 27)?

23. ¿Qué es lo primero que debe hacer un creyente antes de comenzar a estudiar la Palabra de Dios (Ef. 1:15-18)?

Reflexione

1. Los hebreos asociaban la sabiduría con la conducta, mientras que los griegos la concebían como un ejercicio intelectual. Cuando usted aprende alguna verdad espiritual, ¿es como los hebreos o como los griegos? ¿Pone esa verdad en acción o se limita a meditar en ella como una buena instrucción, pero sin aplicarla? ¿Qué verdades espirituales conoce que todavía no ha puesto en práctica? Sea franco en su análisis. Haga una lista de esas verdades. Junto a cada una de ellas, indique cómo piensa ponerla en práctica la próxima semana. Una vez que haya comenzado, comprométase a practicarlas fielmente hasta que formen parte de usted.

2. En 2 Crónicas 34:31, Josías hizo un pacto de "caminar en pos de Jehová y de guardar sus mandamientos, sus testimonios y sus estatutos, con todo su corazón y con toda su alma, poniendo

por obra las palabras del pacto que estaban escritas en aquel libro". ¿Está usted dispuesto a hacer ese mismo pacto con Dios? Comience ese pacto memorizando primero 2 Crónicas 34:31.

3. A muchos cristianos realmente les cuesta sentir el deseo de estudiar la Palabra de Dios. Aquí le sugerimos una manera de aumentar ese deseo: procure la santidad. Busque los siguientes versículos y escriba lo que enseñan acerca de la santidad.

   + 2 Corintios 7:1
   + Efesios 4:21-24
     2 Timoteo 2:21-22
   + 1 Pedro 1:14-16
   + 2 Pedro 1:5-8.

   Según 2 Pedro 1:5, ¿qué necesita para añadir virtud (o excelencia moral)? ¿Cuál es la única forma de obtenerla? ¿A qué debe añadir virtud primero? Sea fiel en la santidad en toda su conducta, y su deseo de estudiar la Palabra de Dios aumentará.

4. Lo más importante que debe hacer antes de estudiar la Biblia es orar. También debe hacerlo al final. Ahora mismo, dé gracias a Dios por las cosas que le ha enseñado a través de este estudio en particular. Pídale que le ayude a aplicar las verdades que Él le ha enseñado. La próxima vez que

usted se prepare para estudiar la Biblia, asegúrese de pedirle a Dios que le enseñe las verdades que más se apliquen a su andar espiritual. Déle gracias ahora mismo por el tesoro que es su Palabra en su vida.

4

CÓMO
ESTUDIAR
la BIBLIA

No sé si usted realmente ha pensado alguna vez en la magnificencia de la Biblia y en el privilegio que tenemos de estudiarla, pero espero que gracias a este estudio pueda concentrarse en algunas de las grandes cosas que le esperan en las Escrituras cuando las abra.

Hace un tiempo leí una ilustración que decía lo siguiente: la Biblia es como un palacio magnífico, construido de una piedra oriental preciosa, que se divide en 66 cámaras majestuosas. Cada una de esas cámaras es diferente de sus compañeras y perfecta en su belleza individual; sin embargo, cuando se ve como un todo, forman un edificio: incomparable, espléndido, glorioso y sublime.

En el libro de Génesis entramos en un vestíbulo, el cual nos introduce de inmediato en los registros de las obras poderosas de Dios en la creación. Ese vestíbulo da acceso al Palacio de Justicia, el corredor que conduce a la galería de retratos de los libros históricos. Allí encontramos colgadas en las paredes las escenas de las batallas, las obras heroicas y los retratos de hombres valientes de Dios. Después de la galería de retratos encontramos la cámara del filósofo (el libro de Job), que al atravesarla nos lleva al cuarto de música (el libro de los Salmos). Allí nos quedamos un rato, emocionados con las grandiosas armonías que jamás escucharon oídos humanos. Y luego llegamos a la oficina (el libro de Proverbios), en el centro mismo de la cual aparece el lema: "La justicia engrandece a la nación; mas el pecado es afrenta de las naciones" (14:34).

Al salir de la oficina pasamos al departamento de investigaciones: Eclesiastés. Desde allí proseguimos al conservatorio (el Cantar de los cantares), donde nos reciben el aroma fragante de los mejores frutos, las mejores flores y el más dulce canto de los pájaros. Luego llegamos al observatorio, donde los profetas, con sus potentes telescopios, esperan la Estrella Brillante de la Mañana antes del amanecer del Hijo de justicia. Cruzamos el atrio y llegamos a la cámara de audiencias del Rey (los Evangelios), donde encontramos cuatro retratos naturales del Rey que revelan las perfecciones de su infinita belleza. Después entramos en la sala de trabajo del Espíritu Santo (el libro de los Hechos), al cual le sigue el cuarto de correspondencia (las epístolas), donde vemos a Pablo, Pedro, Santiago, Juan y Judas ocupados en sus escritorios bajo la dirección personal del Espíritu de Verdad. Y por último entramos en el salón del trono (el libro de Apocalipsis), que nos cautiva con el volumen poderoso de la adoración y la alabanza dirigidas al Rey entronado, que llenan la vasta sala; al mismo tiempo, las galerías y el juzgado adyacentes describen las solemnes escenas del juicio final y las maravillosas escenas de la gloria asociadas con la manifestación venidera del Rey de reyes y Señor de señores.

¡Qué libro tan majestuoso, desde la creación hasta la culminación! ¡Es nuestro deber ser diligentes en nuestro estudio!

Pero ¿*cómo* lo hacemos? ¿Cómo podemos realmente entender la Biblia? En este capítulo le daré cuatro fundamentos para entender de verdad la Palabra de Dios en su vida diaria.

PRIMER FUNDAMENTO:
Leer la Biblia

El estudio de la Biblia comienza con su lectura. Y francamente, mucha gente nunca llega a ese punto. Leen trocitos pero nunca la leen de verdad. Puede que lean muchos libros *acerca* de la Biblia pero no leen la Biblia. *No hay nada que sustituya la lectura de las Escrituras.* Debemos estar completamente comprometidos a leerla, porque es ahí donde comienza todo. Le sugiero que intente leer la Biblia entera una vez al año.

Antes de nada, hablemos de cómo debemos leerla.

El Antiguo Testamento

Yo creo que los cristianos deben tratar de leer todo el Antiguo Testamento una vez al año. En el Antiguo

Testamento hay 39 libros, y si uno lee unos 20 minutos al día, debería poder leerlo entero en un año.

El Antiguo Testamento se escribió originalmente en hebreo (una parte en arameo), que es un idioma muy sencillo. No tiene los conceptos elevados del pensamiento griego; no es un idioma teórico; no se trata de un idioma conceptual; y tampoco es un idioma filosófico con una gran cantidad de abstractos. Es muy sencillo, muy concreto. De hecho, cuando yo era estudiante de seminario me pareció que el estudio del hebreo era muchísimo más fácil que el estudio del griego. No es un idioma complejo.

Usted puede leer toda la narrativa del Antiguo Testamento, en su mayor parte, año tras año, y al mismo tiempo aumentar la comprensión a medida que lee. También le sugiero que conforme vaya leyendo la Biblia, marque al margen lo que no entienda. Si lo hace se dará cuenta de que sucede algo interesante. A medida que pasa el tiempo comenzará a borrar cosas del margen, porque según vaya leyendo y releyendo el Antiguo Testamento desde Génesis hasta Malaquías, entenderá cosas que irán contestando a algunas de las preguntas que tenía. Las que no conteste en su lectura las puede usar para estudiarlas individualmente con un comentario u otra fuente, y así encontrarles el sentido. Pero comience simplemente leyendo. No se abrume pensando: "¿Cómo podré aprender el significado de cada versículo?". Comience a leer todo el Antiguo Testamento al menos una vez al año.

Recuerdo del seminario al doctor Charles Feinberg, un mentor sensacional que tuve, y un excelente varón de Dios que sabía tanto del Antiguo Testamento que solía deslumbrar a los estudiantes. Uno de ellos a veces trataba de atraparlo y decía: "Doctor Feinberg, ¿qué dice 1 Reyes capítulo 7, versículo 34?". Él lo balbuceaba mentalmente en hebreo, lo traducía y nos comunicaba lo que decía.

Un día me dijo: "Yo trato de leer un libro *al día* para estar al tanto de las cosas".

Yo le pregunté: "¿Qué clase de libro?".

"Cualquiera, un libro de arte, de historia, de la vida de alguien, cualquier libro. Uno al día para poder estar al tanto de las cosas".

Yo le dije: "Con toda esa lectura que hace cada día, el estudio del hebreo, los comentarios que escribe y las clases que imparte, ¿tiene tiempo de leer la Biblia?".

Él contestó: "Yo leo la Biblia. Leo la Biblia completa cuatro veces al año, y lo he hecho no sé por cuántos años".

Es ahí donde comienza todo. No hay nada que sustituya la lectura de la Biblia.

El Nuevo Testamento

Para el Nuevo Testamento tengo un plan un poquito diferente. Y a propósito, creo que nuestro mayor esfuerzo debe ser la lectura del Nuevo Testamento. Pienso que esta idea es bíblica. En Colosenses 1:25-26, Pablo dice: "De la cual fui hecho ministro, según la administración de Dios que me fue dada para con vosotros, para que anuncie cumplidamente la palabra de Dios, el misterio que había estado oculto desde los siglos y edades, pero que ahora ha sido manifestado a sus santos". Pablo dijo que Dios lo había llamado para darnos el misterio que había estado oculto.

Ahora bien, el misterio, básicamente, es la revelación del Nuevo Testamento. Pablo también dijo en Efesios 3:3-5 que era apóstol del "misterio". Por ende, el principal empuje de su ministerio era la nueva revelación. Aludía al Antiguo Testamento siempre que ilustraba, elucidaba y respaldaba el Nuevo Testamento.

El mensaje del Nuevo Testamento es la culminación de la revelación. Es lo que comprende y rodea todo lo que había en el Antiguo Testamento. En cierto sentido, el Nuevo Testamento resume el contenido del Antiguo Testamento, además de conducirle hacia la plenitud de la revelación. De manera que cuando lea el Nuevo Testamento debe dedicarle más tiempo, porque explica el Antiguo Testamento. Además, está escrito en griego, que es un idioma más complejo, tal vez más difícil de entender que el hebreo porque habla más de abstracciones y conceptos, y no de historias narrativas. Por esa razón necesitamos mayor diligencia para estudiar el Nuevo Testamento. Yo lo he hecho de la siguiente manera.

El método que usé cuando estaba en el seminario fue leer 1 Juan todos los días durante 30 días. Usted también lo puede hacer así. El primer día limítese a leer 1 Juan completo. Solamente tardará 25 o 30 minutos. La idea es leerlo completo el primer día, y el segundo día, léalo otra vez; el tercer día, léalo otra vez; el cuarto día, léalo entero otra vez; el quinto día, léalo entero otra vez. Siéntese a leerlo. Ahora bien, para el séptimo u octavo día usted se dirá a sí mismo: "Esto me está cansando. Además, ya me sé esto bastante bien". Y esa es la parte difícil. Si usted se obliga y persevera durante 30 días, terminará con una comprensión formidable de 1 Juan.

Básicamente, eso es lo que yo hago todo el tiempo. Cuando preparo mis mensajes leo el libro en particular de la Biblia una y otra vez hasta que el libro entero llena mi mente como una especie de percepción visual. Además, le sugiero que tome una tarjeta en blanco y escriba el tema principal de cada capítulo. Luego, todos los días cuando lea el libro, fíjese en la tarjeta y lea la lista. Al poco tiempo comenzará a aprender lo que dicen los capítulos.

Cuando haya terminado de leer 1 Juan durante 30 días, ¿cuál es el siguiente paso? Le sugiero que vaya a un libro grande del Nuevo Testamento (y recuerde, todavía está leyendo la narrativa del Antiguo Testamento 20 minutos al día). Yo creo que debe pasar de 1 Juan al Evangelio de Juan. "¡Pero esos son 21 capítulos!". Así es, o sea que los puede dividir en tres grupos. Lea los primeros 7 capítulos durante 30 días, el segundo grupo de 7 durante 30 días y el tercer grupo durante 30 días. Al final de esos 90 días dominará el contenido del Evangelio de Juan. Y también ha utilizado una tarjeta para hacer sus anotaciones sobre los primeros 7 capítulos, una para el segundo grupo y otra para el tercer grupo. O sea, que ha memorizado el tema principal de cada capítulo. Pero ¿qué consigue realmente este método de estudio bíblico?

Tiene mucho mérito. Yo recuerdo que cuando comencé a usar este método me asombré de lo rápido que empecé a retener las cosas del Nuevo Testamento. Siempre quise asegurarme de no terminar dependiendo de la concordancia, es decir, no poder encontrar nada en la Biblia y tener que buscar los versículos en la parte de atrás. Y al día de hoy, el Evangelio de Juan, 1 Juan y los demás libros del Nuevo Testamento se me han grabado en la mente. ¿Por qué? Porque es así como aprendemos. Isaías dijo que uno aprende mandato sobre mandato, línea sobre línea, un poquito allí, otro poquito allá (Is. 28:10, 13). Cuando uno estudia para un examen no toma el libro, lee los apuntes una vez y dice: "Ya me lo sé". (Al menos no, si uno es normal.) Uno aprende mediante la repetición, repetición, repetición. Esa es la misma forma de aprender la Biblia.

Después del Evangelio de Juan tal vez pueda leer Filipenses, otro libro corto. Después Mateo, Colosenses y luego Hechos. Divídalo así, de atrás para adelante, un libro corto y uno largo. "¡Pero eso me va a llevar mucho tiempo!". No. En dos años y medio, más o menos, habrá terminado el Nuevo Testamento completo. Usted va a leer la Biblia de todas formas, así que más vale que la lea de una manera que la pueda recordar. Hay quienes podrían decir: "Yo hago mis devociones y leo un pasaje al día". Eso está bien. Pero si yo le preguntara: "¿Cuál fue?", usted tal vez conteste: "Bueno, déjame pensar…".

Y si yo le preguntara: "¿Qué leyó hace tres días?". Saber la respuesta puede ser prácticamente imposible. Es muy difícil retener algo cuando se lee rápidamente. Hay que leer una y otra y otra vez. Si usted cree que la Biblia es la Palabra viva, cobrará vida cuando la lea repetidamente.

Mucha gente me ha preguntado si yo creo que deben leer siempre la misma traducción de la Biblia. Mi respuesta es que, generalmente, sí. Lea la misma versión para que llegue a familiarizarse con ella. De vez en cuando es bueno leer el pasaje en otra versión para explorarlo un poco más.

Leer la Biblia contesta a esta pregunta: ¿qué dice la Biblia? Tenemos que leerla para averiguar exactamente lo que dice. Permítame contarle otra cosa interesante que sucede cuando usted comienza a leer la Biblia repetidamente. Se dará cuenta de que su comprensión total aumenta de una manera increíble. Es porque la Biblia explica la Biblia.

Un recurso que le ayudará a ver cómo una parte de la Biblia explica otra es *La Biblia de estudio MacArthur*. Este libro cubre la Biblia completa y le da notas explicativas y referencias cruzadas que ayudan a explicar el significado de un texto en particular. Por eso, cuando usted comience a leer la Biblia, su nueva comprensión llenará muchos huecos. Después de todo, Dios no escribió un libro para confundirlo. La Biblia no es un libro que se supone que contiene algún tipo de verdad oculta, no es un libro secreto. Usted debe poder descubrir lo que Dios está tratando de decir.

Algunas personas dicen: "Hagas lo que hagas, no leas el libro de Apocalipsis; es muy confuso". Pero el libro dice: "Bienaventurado el que lee, y los que oyen las palabras de esta profecía" (1:3*a*). No es tan difícil. Sin embargo, permítame decirle algo. Nunca entenderá Apocalipsis a menos que esté leyendo Daniel, Isaías y Ezequiel completos. Todo tiene sentido cuando usted lee la Palabra de Dios entera. Se asombrará de lo que sucederá en su vida.

El primer fundamento para saber *cómo* estudiar la Biblia es *leerla*.

SEGUNDO FUNDAMENTO:
Interpretar la Biblia

Hay personas que no interpretan la Biblia, sino que se limitan a aplicarla. La leen y van directamente a aplicarla, sin interpretarla. No se molestan en averiguar lo que quiere decir de verdad. Nuestro primer fundamento era *leer* la Biblia. Eso contestará a la pregunta: ¿qué dice la Biblia? El segundo fundamento, *interpretar* la Biblia, contesta a la pregunta: ¿qué quiere decir la Biblia con lo que dice? Tenemos que interpretar la Biblia. No podemos tomar la Biblia como si fuera una aspirina. No es una píldora. No podemos limitarnos a decir: "Bueno, yo ya hice mis devociones, me puse a leer y decidí que eso es lo que significa". No. Hay que *saber* lo que significa.

En Nehemías 8 tenemos un pasaje interesante: "Y se juntó todo el pueblo como un solo hombre en la plaza que está delante de la puerta de las Aguas, y dijeron a

Esdras el escriba que trajese el libro de la ley de Moisés, la cual Jehová había dado a Israel. Y el sacerdote Esdras trajo la ley delante de la congregación, así de hombres como de mujeres y de todos los que podían entender, el primer día del mes séptimo. Y leyó en el libro delante de la plaza que está delante de la puerta de las Aguas, desde el alba hasta el mediodía" (vv. 1-3*a*). Todo comienza aquí: hay que leer la Biblia.

Siguiendo en el versículo 3*c*: "Y los oídos de todo el pueblo estaban atentos al libro de la ley". Luego, en los versículos 5-6: "Abrió, pues, Esdras el libro a ojos de todo el pueblo, porque estaba más alto que todo el pueblo; y cuando lo abrió, todo el pueblo estuvo atento. Bendijo entonces Esdras a Jehová, Dios grande. Y todo el pueblo respondió: ¡Amén! ¡Amén! alzando sus manos; y se humillaron y adoraron a Jehová inclinados a tierra".

El pueblo respondió a la lectura de la Palabra adorando al Señor. Pero el versículo 8 es la clave: "Y leían en el libro de la ley de Dios claramente, y ponían el sentido, de modo que entendiesen la lectura". ¿Ve lo que dice? Es por eso por lo que no solo debemos leer la Palabra, sino que también debemos procurar saber lo que quieren decir sus palabras.

En 1978 tuve la oportunidad de asistir al Concilio Internacional sobre la Inerrancia Bíblica. En Chicago se reunieron aproximadamente 250 grandes eruditos de todo Estados Unidos. Querían reafirmar ante el mundo entero que toda palabra de Dios es pura, tal como dice Proverbios 30. Querían afirmar delante del mundo entero que la Biblia es la verdad absoluta de Dios, inerrante en todas sus palabras. Durante cuatro días entregaron documentos, textos tan eruditos que yo ni siquiera los podía entender. Fue todo de una erudición tremenda, y llevábamos enormes libretas que contenían documentos teológicos significativos.

Al final del congreso yo impartí un seminario titulado: "¿Cómo se relaciona la inerrancia con el ministerio de la Iglesia?". Dije lo siguiente: "Me parece asombroso que en un congreso sobre la inerrancia, donde todo el mundo está haciendo hincapié en lo importante que es cada palabra de la Biblia, nadie haya presentado un mensaje expositivo que lidie con cada palabra. En otras palabras, ¿por qué luchamos por cada palabra si nunca nos molestamos en enseñar todas las palabras ni en aprender lo que quieren decir?".

No es suficiente con decir "Creemos que todas las palabras son verdad" y luego escoger una solamente de 45 versículos y predicar un sermón sobre esa palabra. Por eso el objetivo final de un verdadero compromiso con la inerrancia de las Escrituras es la exposición cabal de las mismas, tal como fueron entregadas por Dios.

Por lo tanto, tenemos que llegar al punto de preguntar: "¿Qué quiere decir la Biblia con lo que dice?".

Creo realmente que, de muchas formas, contestar esa pregunta ha sido la clave del crecimiento de la iglesia Grace Community Church. La gente anduvo en la oscuridad durante mucho tiempo, y nosotros les abrimos la puerta del entendimiento. No es tan difícil abrir la puerta de la Biblia, porque Dios nos ha dado su Palabra para entender y su Espíritu para que nos enseñe.

En 1 Timoteo 4:13, Pablo dijo a Timoteo cómo predicar. Le dijo: "Entre tanto que voy, ocúpate en la lectura, la exhortación y la enseñanza". ¿Ve lo que quiso decir? Le dijo a Timoteo que leyera el texto, lo explicara (doctrina) y lo aplicara (exhortación). Uno no se limita a leerlo y a aplicarlo; uno lo lee, luego lo explica y luego lo aplica. Eso es lo que se llama "usar bien la palabra" (2 Ti. 2:15). De lo contrario, el resultado probable es la mala interpretación, y ésta es la raíz de toda clase de problemas.

Por ejemplo, permítame mencionar algunas cosas que la gente enseña hoy basándose en una mala interpretación. En primer lugar, algunas personas enseñan que puesto que los patriarcas practicaban la poligamia, nosotros podemos practicarla también. O, que puesto que el Antiguo Testamento daba derecho divino al rey de Israel, todos los reyes tienen derechos divinos. O que puesto que el Antiguo Testamento aprobaba la muerte de las brujas, nosotros debemos matarlas.¿Qué le parece ésta? El Antiguo Testamento enseña que la mujer iba a sufrir en el parto como castigo divino, y por tanto, no debe usarse anestesia. Todas esas son malas interpretaciones debidas a que alguien no entiende lo que la Biblia dice realmente ni las circunstancias en las cuales fue escrita.

Yo sé que no necesariamente es fácil entender toda la Biblia. Recuerdo a un maestro de la Biblia que me dijo una vez: "Estoy tan cansado de intentar entender la Biblia que he decidido aceptarlo todo para todos. He probado la ruta de las dispensaciones, he probado la ruta modificada de las dispensaciones y he probado la ruta de la teología del pacto. Así que he decidido aplicarlo todo a todos".

Yo le dije: "¡Oh! ¿Cuándo sacrificaste tu último cordero? ¿Realizas el lavado ceremonial de todas las ollas en la cocina antes de que tu esposa te prepare tus alimentos kosher?". No se puede aplicar todo a todos. Tiene que haber una interpretación correcta.

Pero ¿cómo llegamos a la interpretación correcta? Déjeme mostrarle algunas áreas que tiene que entender.

Errores de interpretación

Para interpretar la Palabra correctamente, se han de evitar tres errores. En primer lugar, *no presente un argumento a costa de la interpretación debida.* En otras palabras, no haga que la Biblia diga lo que usted quiere que diga.

No haga como el tipo que dijo: "Ya tengo un sermón; ahora sólo tengo que encontrar un versículo". Eso es tener una idea preconcebida y luego buscar algunos versículos para apoyarla. Yo sé que si trato de *hacer* un sermón, termino obligando a la Biblia a que encaje en *mi* sermón. Pero si trato de comprender un pasaje, de la comprensión de ese pasaje fluye un mensaje. Usted puede pensar en grandes conceptos y bosquejos sensacionales, pero entonces tiene que retorcer la Biblia para hacerla decir lo que quiere que diga.

Veamos un par de ejemplos. Recuerdo haber leído en el Talmud que una vez los rabíes decidieron que querían predicar un mensaje que dijera que la gente debía amarse. Tenían un problema social, porque la gente no se amaba unos a otros. Así que dijeron que la mejor ilustración que había en la Biblia para demostrar que las personas debían amarse unas a otras era la historia de la Torre de Babel. El Talmud lo interpreta de esta manera: la razón por la que Dios dispersó a toda esa gente, y la razón por la que confundió su lenguaje, fue que ellos habían dado más importancia a las cosas materiales que a la gente. A medida que la Torre de Babel se hacía más alta, señalaron los rabíes, un obrero tardaba más horas en transportar la carga de ladrillos hasta la cumbre para que los albañiles pudieran colocarlos. Si se caía un hombre de la torre mientras descendía por ella, nadie prestaba atención, porque no perdían ningún ladrillo. Pero si un hombre se caía mientras subía, los albañiles se ponían furiosos porque habían perdido los ladrillos. Por eso Dios dispersó a las naciones y confundió su lenguaje, porque estaban más preocupados por los ladrillos que por la gente. Pues es verdad que tenemos que estar más preocupados por la gente que por los ladrillos, pero eso no es lo que nos enseña la Torre de Babel. Dios no los dispersó porque ellos estuvieran más preocupados por los ladrillos. Los dispersó porque estaban construyendo un sistema religioso idólatra.

También he escuchado sermones basados en 2 Pedro 2:20 sobre cómo puede uno perder la salvación.

Invariablemente citan el versículo que dice: "Ciertamente, si habiéndose ellos escapado de las contaminaciones del mundo, por el conocimiento del Señor y Salvador Jesucristo, enredándose otra vez en ellas son vencidos, su postrer estado viene a ser peor que el primero".

Entonces dicen: "¿Se da cuenta? Usted puede escapar de las contaminaciones, puede tener el conocimiento del Señor y Salvador y puede caer y enredarse, y su condición posterior será peor que antes de que creyera. Usted puede perder la salvación".

Sin embargo, lo que olvidan es la palabra "ellos". Si uno estudia la palabra "ellos" desde el principio de 2 Pedro 2 descubre que está hablando de "fuentes sin agua", "nubes empujadas por la tormenta" (v. 17), y de "inmundicias y manchas" (v. 13). Si uno le sigue la pista hasta 2:1 ve que está hablando de falsos profetas que siguen las doctrinas de demonios. No se puede usar el versículo para demostrar que una persona puede perder la salvación, porque ese no es el contexto.

De hecho, Pablo tiene algo que decir a los que hacen eso. En 2 Corintios 2:17a dice: "Pues no somos como muchos, que medran falsificando la palabra de Dios". La palabra griega que se usa para "falsificando" es *kapēlos*, que básicamente tenía que ver con vender algo en el mercado engañosamente; vender un producto que en realidad no era lo que decía ser, es decir, que estaba falsificado. Pablo dijo que hay algunos que falsifican la Palabra de Dios; la adulteran para que encaje con sus propios pensamientos.

No se puede forzar a la Biblia a ilustrar un sermón o una manera de pensar. Tenga cuidado de no interpretar la Biblia a costa de su verdadero significado. Déjela que diga lo que quiere decir.

En segundo lugar, *evite la interpretación superficial*. A medida que estudie la Biblia para aprender lo que dice, no sea superficial. Algunas personas dicen: "Yo creo que este versículo quiere decir…" o "¿Qué significa este versículo para ti?". Lamentablemente, muchos estudios bíblicos no son más que una colección de ignorancia, gente hablando de lo que *no* sabe sobre el versículo. Yo estoy totalmente a favor de los estudios bíblicos, pero alguien tiene que estudiar para averiguar lo que realmente quiere decir un pasaje; *después* pueden hablar de la aplicación. En 1 Timoteo 5:17 incluso se nos habla de los ancianos que trabajan mucho en la Palabra de Dios. De manera que es importante no ser superficial.

Una tercera precaución respecto a la interpretación de la Biblia es que *no se puede espiritualizar*. El primer sermón que yo prediqué fue horrible. El texto fue "Y el ángel movió la piedra". Mi sermón fue: "Cómo mover las piedras de su vida". Hablé de la piedra de la duda, la piedra del temor y la piedra de la ira. Eso no es de lo que habla el versículo; habla de una piedra de verdad. Hice una alegoría fantástica. Una vez escuché un sermón sobre "echaron cuatro anclas… y ansiaban que se hiciese de día" (Hch. 27:29); el ancla de la esperanza, de la fe, etc. Esas eran anclas de metal, ni más ni menos. Para ese tipo de predicación, no se necesita la Biblia. Puede usar cualquier cosa para darle significado a un texto. Es tan fácil espiritualizar que mucha gente lo hace con el Antiguo Testamento. Lo convierten en un libro de cuentos de hadas y hacen toda clase de interpretaciones absurdas. No espiritualice la Biblia; busque el significado correcto.

Las fuentes de interpretación

Para interpretar la Biblia adecuadamente tendremos que eliminar las brechas. Para hacerlo, tendremos que examinar las fuentes de interpretación.

La Biblia ha existido durante muchos años, y algunas de sus partes tienen hasta 4.000 años. ¿Cómo vamos a entender lo que dicen los autores y las diferentes circunstancias en las cuales vivieron? Tenemos que eliminar cuatro brechas.

En primer lugar, tenemos que entender *la brecha lingüística*. (Nosotros hablamos español, pero la Biblia se escribió en hebreo y griego, más algunas partes en arameo, que es similar al hebreo). De lo contrario, no vamos a poder entender plenamente las Escrituras. Por ejemplo, en 1 Corintios 4:1 (Reina-Valera Antigua) el apóstol Pablo dice: "Téngannos los hombres por ministros de Cristo...". Cuando pensamos en la palabra *ministro*, pensamos en un primer ministro o el ministro de defensa. Un ministro es una posición elevada, es un término digno. La palabra griega que se usa es *hupēretēs*, que significa esclavo de una galera de tercer nivel en un barco. Pablo dijo que, cuando se haga constar lo que él hacía por Jesucristo, debía decirse que no era más que un esclavo de una galera de tercer nivel. Eso no se podría deducir nunca a partir del término en español usado en la versión Reina-Valera Antigua. ¿Por qué? Porque hay una brecha linguística.

Hay otro ejemplo en el libro de Hebreos. Cuando uno mira la palabra *perfección* en el libro (p. ej., en 6:1 y 7:11), puede malentender completamente el libro de Hebreos a menos que entienda que, en ese caso, la perfección tiene que ver con la salvación, no con la madurez espiritual. Eso es lo que descubrirá al estudiar las palabras y sus relaciones en el texto. Es muy importante hacer eso. Y para estudiar las palabras en la Biblia, particularmente en el Nuevo Testamento, le recomiendo encarecidamente el *Diccionario expositivo de palabras del Antiguo y Nuevo Testamento exhaustivo de Vine* (Grupo Nelson, 2007). Es muy útil para personas que no saben griego. Puede buscar todas las palabras en español y le dirá lo que significa en griego. Será de mucha utilidad para usted como estudioso de la Biblia. Además, una buena concordancia le ayudará a estudiar las palabras.

La segunda brecha es *la brecha cultural*. La brecha cultural debe eliminarse porque las culturas pueden ser muy diferentes. Si no entendemos la cultura de la época en la cual se escribió la Biblia, nunca entenderemos su significado. Por ejemplo: "En el principio era el Verbo, y el Verbo era con Dios, y el Verbo era Dios" (Jn. 1:1). ¿Qué significa eso? ¿Por qué no dijo: "En el principio era

Jesús"? Utilizó "el Verbo" porque era la manera de hablar local en aquella época. Entre los griegos, la palabra *Verbo* se usaba para referirse a una especie de energía etérea, espacial, que flotaba alrededor. Juan dijo a los griegos que esa causa flotante, lo que lo causaba todo, esa energía espacial, ese poder cósmico, no es otro que el Verbo que se hizo carne (1:14).

Para los judíos, la palabra *Verbo* siempre fue la manifestación de Dios porque "la Palabra del Señor" emanaba siempre de su personalidad. Entonces, cuando Juan dijo "el Verbo se hizo carne y habitó entre nosotros" estaba identificando a Jesucristo, el Cristo encarnado, como la emanación misma de Dios. En el texto, pues, satisface la mente griega *y* la hebrea con la palabra correcta con la que cada uno puede identificarse en puntos vitales.

Esto es así en toda la Biblia. Si uno no entiende el gnosticismo existente en el momento en que se escribió Colosenses, no puede entender el libro. Si uno no entiende la cultura del momento en que los judaizantes se estaban infiltrando en las iglesias gentiles, no puede entender el libro de Gálatas. Si uno no entiende la cultura judía, no puede entender el Evangelio de Mateo. Para comprender plenamente la Biblia, debe existir una comprensión cultural.

Algunos libros útiles en esta área son *Comentario bíblico histórico ilustrado* por Alfred Edersheim (CLIE, 2009) y *Nuevo manual de los usos y costumbres de los tiempos bíblicos* por Ralph Gower (Portavoz, 1990).

También hay *brechas geográficas* que debemos eliminar. Cuando leemos en la Biblia que la gente *descendía* a Jericó, ¿qué significa eso? Pues bien, cuando uno va a Jericó tiene que *descender*. Cuando dice que *subieron* a Jerusalén es porque Jerusalén está definitivamente *arriba*, en una meseta alta. En 1 Tesalonicenses 1:8 dice: "Porque partiendo de vosotros ha sido divulgada la palabra del Señor, no solo en Macedonia y Acaya, sino que también en todo lugar vuestra fe en Dios se ha extendido, de modo que nosotros no tenemos necesidad de hablar nada". Lo asombroso es que la fe de los Tesalonicenses creciera tan rápido. Pablo acababa de estar allá, y cuando escribió la carta había pasado muy poco tiempo. Pablo había estado con ellos un par de semanas, pero su testimonio se había propagado lejos. ¿Cómo pudo suceder eso tan rápido? Si uno estudia la geografía del área descubre que la Vía Ignacia pasa justo por el centro de Tesalónica. La ciudad era el principal corredor entre Oriente y Occidente, y todo lo que sucediera allí pasaba toda la línea de comunicación de la Vía Ignacia. ¿Se da cuenta de qué manera un poquito de geografía enriquece la comprensión?

Por último, tenemos la *brecha de la historia*. Cuando uno conoce la historia que hay detrás de un pasaje, ésta también contribuye a la comprensión. En el Evangelio de Juan, la clave para entender la interacción entre Pilato y Jesús se deriva del conocimiento de la historia. Cuando Pilato llegó a aquella tierra con su adoración al emperador, enojó mucho a los judíos y a sus sacerdotes.

De manera que comenzó mal. Luego intentó culpar a los judíos por algo, y cuando ellos se dieron cuenta, informaron a Roma y por poco pierde su trabajo. Pilato tenía miedo de los judíos, y es por eso que dejó que crucificaran a Cristo. ¿Por qué tenía miedo? Porque ya tenía muy mala fama y su empleo estaba en juego.

Ese es el tipo de historia que tenemos que entender para comprender el significado de la Biblia. Y usted puede obtener esa clase de información de diferentes fuentes como las enciclopedias y los manuales bíblicos. Un buen diccionario bíblico también es útil.

Interpretar la Biblia quiere decir eliminar las brechas. Cuando usted interprete el significado de las Escrituras usando diferentes fuentes, eliminará las cuatro brechas mencionadas antes. Pero ¿cuáles son los principios que debe usar?

Los principios de interpretación

Además de las *fuentes* de interpretación, también debe entender los *principios* de interpretación a fin de comprender la Biblia con precisión. Eso implica comprender cinco principios específicos.

En primer lugar debe usar *el principio literal*. Eso quiere decir que debe entender las Escrituras en su sentido literal, normal y natural. Hay figuras del lenguaje, pero no se salen del lenguaje normal. Hay símbolos, pero éstos también son lenguaje normal. Cuando uno estudia los pasajes apocalípticos, como en los libros de Zacarías, Daniel, Ezequiel, Isaías y Apocalipsis, lee sobre bestias e imágenes. Esas son figuras del lenguaje y símbolos, pero comunican una verdad *literal*. Interprete la Biblia en su sentido normal y natural. De lo contrario, estará haciendo una interpretación no natural, anormal, que no tiene sentido. Por ejemplo, los rabíes decían que si uno toma las consonantes del nombre de Abraham, b-r-h-m, y las suma, obtiene 318. Por tanto, cuando uno ve la palabra Abraham, quiere decir que tenía 318 siervos. Eso *no es* lo que significa. Simplemente significa Abraham.

Entonces, debemos aceptar una interpretación literal, normal y natural. Tenemos que tener cuidado cuando alguien nos dice que hay un significado secreto y usan el versículo "...porque la letra mata, mas el espíritu vivifica" (2 Co. 3:6*b*). Usan un método alegórico para obtener el significado oculto y secreto. ¿Sabe cuál es? ¡Nadie lo sabe! Se lo inventan. No haga eso. Interprete las Escrituras en su sentido literal.

La Biblia también debe estudiarse conforme al *principio histórico*. ¿Qué quería decir para las personas para quienes se habló o escribió? Se dice que un texto sin contexto (históricamente) es un pretexto. En muchos casos es necesario entender el marco histórico o, de lo contrario, nunca entenderá realmente lo que había en el corazón del autor.

Eso incluye muchas brechas mencionadas antes, así como información biográfica respecto al autor humano del libro bíblico y la fecha de su escritura. Hay muchos recursos disponibles para ayudar en esa área. Muchos

de ellos se incluyen en *La Biblia de estudio MacArthur*.
Más detalles sobre el contexto histórico en relación con
los libros del Nuevo Testamento también se pueden
investigar a través de la serie de Comentarios MacArthur
del Nuevo Testamento (Editorial Portavoz).

En tercer lugar, debemos entender *el principio
gramatical*. Para estudiar la gramática debemos
examinar la oración y las partes del lenguaje; incluidas
las preposiciones, los pronombres, los verbos y los
nombres. En la escuela teníamos que aprender a hacer
un diagrama de una oración para averiguar lo que
decía. Por ejemplo, en Mateo 28:19-20 tenemos la
Gran Comisión: "Por tanto, id, y haced discípulos a
todas las naciones, bautizándolos… enseñándoles que
guarden todas las cosas que os he mandado". Cuando
uno lo lee por primera vez, "Id" suena a verbo; "haced
discípulos, bautizándolos, enseñándoles", todos
esos suenan a verbos. Sin embargo, si uno estudia la
oración se da cuenta de que solamente hay un verbo,
mathēteusate, "hacer discípulos". "Id", "bautizándolos" y
"enseñándoles" no son nada más que participios, lo cual
significa que modifican al verbo principal. Lo que dice
la Gran Comisión es "haced discípulos", y al hacerlos,
habrá que ir, bautizar y enseñar. Cuando uno entiende
eso, fluye del texto la plenitud del mandamiento de Jesús.

Otra ilustración es Mateo 18:20. ¿Cuántas veces
ha oído a alguien decir lo siguiente en una reunión de
oración: "Porque donde están dos o tres congregados en
mi nombre, allí estoy yo en medio de ellos. Amigos, aquí

estamos dos o tres, por lo tanto, el Señor está aquí"? Pero si yo estoy *solo*, el Señor también está allí. Ese versículo no tiene nada que ver con una reunión de oración. Si uno estudia el contexto y la gramática se da cuenta de eso. Lo que en realidad está diciendo es que cuando uno disciplina a alguien, cuando uno saca a alguien de la iglesia y se ha confirmado su pecado mediante dos o tres testigos, Cristo está presente. O sea, que es necesario examinar la gramática con cuidado para comprender plenamente el significado del texto.

En cuarto lugar, tenemos el *principio de la síntesis*. Eso es lo que los Reformadores llamaban la *analogia scriptura*: las Escrituras son coherentes. En otras palabras, una parte de la Biblia no enseña algo que otra parte contradiga. Por tanto, cuando uno estudia las Escrituras, deben encajar. Por ejemplo, cuando uno lee 1 Corintios y llega a 15:29, donde Pablo habla del bautismo de los muertos, ¿dice usted: "¡Caray!, esa es una idea nueva. ¿Me puedo bautizar por un muerto y eso lo salva"? Pero ¿en realidad permite la Biblia que alguien se bautice por un muerto? ¿Dónde dicen eso las Escrituras? ¿No contradice eso la doctrina de la salvación? Esa no puede ser la interpretación de ese pasaje, porque ningún pasaje en sí mismo contradice la enseñanza de las Escrituras. Ese es el principio de la síntesis.

J. I. Packer ha dicho acertadamente: "La Biblia parece una orquesta sinfónica en la que el Espíritu Santo es Toscanini, y todos los instrumentos se han traído voluntaria, espontánea y creativamente para tocar las notas tal como lo deseaba el gran director, aunque ninguno de ellos podía escuchar la música como un todo... La intención de cada una de las partes solo se ve claramente cuando se observa en relación con el resto" (extraído de *God Has Spoken* [Dios ha hablado]).

Eso me dice que *no hay* contradicciones en la Biblia. Lo que parecen ser contradicciones se pueden resolver si tenemos la información, porque la Biblia es un todo.

Pero tal vez esté pensando: "Todo eso del principio literal y lo demás es muy confuso. ¿Cuándo se aplica a lo que yo estoy viviendo?". La pregunta final es: *¿Y qué?* Mientras intenta interpretar la Biblia, ¿cómo averigua lo que significa para su vida? Asegúrese de que en su estudio bíblico encuentre *el principio práctico*.

Yo uso la siguiente frase: "Aprenda a sacar principios de las Escrituras". Léalas y averigüe qué principio espiritual se aplica a usted. Pero, no lo puede hacer hasta que haya pasado primero por los demás principios: literal, histórico, gramatical y de síntesis. Usted sabe lo que significa por lo que dice. Ahora vea cómo se aplica a usted.

Así es cómo se interpreta la Biblia. Mientras lee la Biblia, ocúpese de vez en cuando de algunos de los pasajes problemáticos. Lea un poco en un diccionario bíblico o en un comentario y comience a recopilar cosas. ¿Cuál es el significado literal? ¿Cuál es el marco histórico? ¿Cuál es la estructura gramatical? ¿Cómo encaja con el resto de las Escrituras? Y ¿cómo se aplica a mí?

TERCER FUNDAMENTO:
Meditar en la Biblia

No vaya con prisas cuando estudie la Palabra de Dios. Deuteronomio 6:6-7 dice: "Y estas palabras que yo te mando hoy, estarán sobre tu corazón; y las repetirás a tus hijos, y hablarás de ellas estando en tu casa, y andando por el camino, y al acostarte, y cuando te levantes". En otras palabras, la Palabra de Dios tiene que darle vueltas en la cabeza todo el tiempo.

Si está leyendo el Antiguo Testamento y un libro del Nuevo Testamento treinta veces seguidas, todo el tiempo, le dará vueltas en la cabeza. La meditación es lo que toma todas esas partes y comienza a moldearlas formando una comprensión cohesiva de la verdad bíblica. Dios también dice en Deuteronomio 6:8-9: "Y las atarás como una señal en tu mano, y estarán como frontales entre tus ojos; y las escribirás en los postes de tu casa, y en tus puertas". Dios dice que quiere que su Palabra esté en todas partes: "La quiero en tu boca, cuando te levantes, cuando te acuestes, camines y te sientes. La quiero enfrente de tu casa, en tus puertas, en tus brazos, entre tus ojos… la quiero por todas partes".

Sin embargo, vivimos en una cultura en la cual, si caminamos por la calle vemos que la basura moral nos asalta constantemente —anuncios de alcohol, pornografía, humor vulgar— y se nos mete en la cabeza. Pero Dios dijo que debemos tomar su Palabra y dejar que *ella* sea el cartel frente a nuestros ojos, que llene nuestra mente y nuestra voz dondequiera que vayamos.

A un hombre le preguntaron una vez: "Cuando no puedes dormir, ¿cuentas ovejas?". Él contestó: "No. Hablo con el Pastor". Eso es lo que Dios quiere que haga su pueblo: que hable con el Pastor, que medite. El Salmo 1:1-2 dice: "Bienaventurado el varón que no anduvo en consejo de malos, ni estuvo en camino de pecadores, ni en silla de escarnecedores se ha sentado; sino que en la ley de Jehová está su delicia, y en su ley medita de día y de noche". Como la vaca que rumía, una y otra y otra vez, así también nosotros debemos meditar en la Palabra, pensando en ella una y otra vez.

CUARTO FUNDAMENTO:
Enseñar la Biblia

Por último, hemos de enseñar la Biblia. La mejor forma de aprender las Escrituras es revelándolas. Yo he descubierto que las cosas que aprendo lo bastante bien como para enseñarlas son las que retengo. ¿Sabe usted que es muy fácil *no* ser entendido? Si escucha hablar a alguien y no entiende nada de lo que dice, probablemente *esa persona* no entiende el tema. Es difícil ser claro, porque para serlo hay que dominar el tema. Cuando usted es maestro se ve obligado a dominar el tema. Luego, si lo enseña, lo retendrá. Si se dedica a alimentar a otra persona verá cómo se alimenta su corazón. Yo creo que la motivación personal para el estudio proviene de la responsabilidad. Si yo no tuviera a nadie a quien enseñar, no produciría nada.

Mi oración es que estas palabras le ayuden a

comenzar un estudio más profundo de la Palabra de Dios. Lea la Biblia, interprétela, medite en ella y enséñela. Y cuando crea que lo ha hecho todo, no se enorgullezca y diga: "Ya llegué. Lo he dominado todo". Acuérdese de Deuteronomio 29:29a: "Las cosas secretas pertenecen a Jehová nuestro Dios…". Cuando lo haya dicho, hecho y aprendido todo, no habrá comenzado siquiera a penetrar la mente infinita de Dios. ¿Sabe cuál es el propósito? Su propósito al aprender la Palabra de Dios no es adquirir conocimiento porque sí, porque Pablo dijo: "El conocimiento envanece" (1 Co. 8:1a). Su propósito es *conocer* a Dios, y conocer a Dios es *aprender humildad.*

Repaso

1. ¿Con qué comienza el estudio de la Biblia?
2. Describa un buen método para leer todo el Antiguo Testamento.
3. ¿Cuál es el "misterio" al que Pablo se refirió en Colosenses 1:26? ¿Cuál fue la principal fuerza propulsora de su ministerio?
4. ¿Por qué es importante pasar más tiempo leyendo el Nuevo Testamento que el Antiguo Testamento?
5. Describa un buen método de leer un libro en el Nuevo Testamento.
6. ¿Cuál es una buena forma de aprender algo, sobre todo la Biblia?

7. ¿Por qué es bueno seguir leyendo la misma versión de la Biblia?

8. ¿Qué va a suceder cuando comience a leer la Biblia repetidamente?

9. ¿A qué pregunta responde la interpretación de la Biblia?

10. ¿Qué hizo el pueblo de Israel en Nehemías 8:8?

11. ¿Qué ordenó Pablo a Timoteo que hiciera en 1 Timoteo 4:13? ¿Qué quiso decir?

12. ¿Por que interpretó mal el Talmud la historia de la Torre de Babel? ¿Cuál es la interpretación correcta?

13. ¿De qué forma interpretan mal algunas personas 2 Pedro 2:20? ¿Cuál es la interpretación correcta?

14. ¿Qué dice Pablo acerca de los que tratan de hacer que la Biblia encaje en su manera de pensar (2 Co. 2:17)?

15. ¿Por qué es importante evitar las interpretaciones superficiales?

16. Dé un ejemplo de espiritualización de un pasaje de las Escrituras.

17. Dé algunos ejemplos que ilustren la brecha lingüística que afrontamos cuando estudiamos la Biblia.

18. ¿Cuál es una buena forma de eliminar la brecha lingüística?

19. ¿De qué forma ilustra Juan 1:1 la brecha cultural que existe entre nuestros días y el primer siglo?

20. Dé una ilustración de cómo es importante entender

la geografía de la época para interpretar la Biblia.

21. ¿Qué brecha debe cerrarse para entender la interacción entre Pilato y Jesús?

22. ¿Cuál es el primer principio que debemos usar para interpretar la Biblia? Explíquelo.

23. ¿Por qué es importante conocer el contexto histórico de un pasaje de las Escrituras?

24. Explique la gramática de Mateo 28:19-20.

25. Explique el principio de síntesis de la interpretación de la Biblia.

26. Cuando usted interpreta la Biblia, ¿cómo averigua lo que significa en su vida?

27. Según Deuteronomio 6:8-9, ¿dónde quiere Dios que esté su Palabra?

28. ¿Cuál es la mejor forma de aprender lo que la Biblia dice?

Reflexione

1. Haga un plan para leer tanto el Antiguo como el Nuevo Testamento. Decida qué hora u horas del día quiere apartar para leer. Para leer el Antiguo Testamento, comience en Génesis. Escoja cualquier libro del Nuevo Testamento para su lectura diaria. Asegúrese de dividirlo, si es necesario, para que pueda leer durante 30 minutos cada día durante 30 días. Comience hoy su calendario de lectura.

2. Si ha estado deseando estudiar una porción en particular de las Escrituras pero no sabía cómo, ahora ya lo sabe. Planifique el tiempo que quiere dedicar a su estudio. Si no tiene algunas de las herramientas mencionadas en este capítulo, tal vez deba visitar una biblioteca. Durante su estudio, asegúrese de evitar los errores de interpretación. Cuando estudie, ocúpese en eliminar las brechas lingüística, cultural, geográfica e histórica. Por último, use los principios adecuados de interpretación cuando estudie. Recuerde que la meta de su estudio no es solamente aprender lo que la Biblia quiere decir, sino también aprender cómo se aplica a usted.

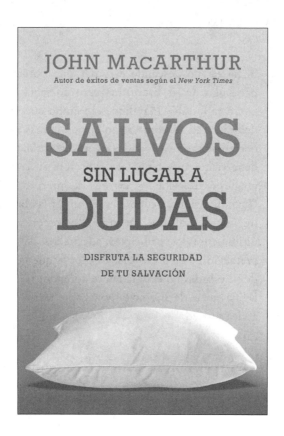

Todos los creyentes han luchado con estas preguntas en algún momento de su vida. *Salvos sin lugar a dudas* trata este tema difícil, examinando las Escrituras para descubrir la verdad sobre la salvación, y a la vez analizando cuestiones difíciles que pueden obstaculizar nuestra fe. Los lectores podrán desarrollar una teología de la salvación basada en la Biblia, y ser alentados a descansar de forma segura en su relación personal con Cristo.

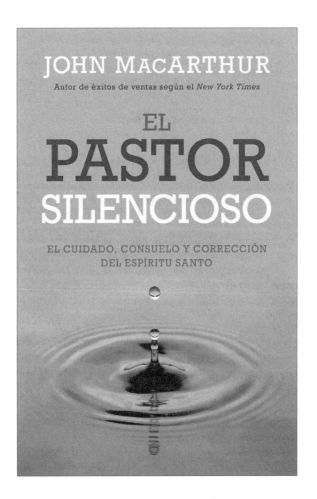

JOHN MACARTHUR

Autor de éxitos de ventas según el *New York Times*

EL
PASTOR
SILENCIOSO

EL CUIDADO, CONSUELO Y CORRECCIÓN
DEL ESPÍRITU SANTO

La función del Espíritu Santo en la vida cristiana es a menudo malentendida. Algunos creyentes se enfocan únicamente en los dones espirituales y otros evitan el tema por completo. No obstante, la verdad es que el Espíritu de Dios es indispensable para el corazón y la vida del creyente, y obra de buen grado en él.

Por más de treinta años, el reconocido pastor y maestro John MacArthur ha impartido enseñanza bíblica práctica, a fin de ayudar a los cristianos a crecer en su camino de fe.

E D I T O R I A L
PORTAVOZ

NUESTRA VISIÓN

Maximizar el efecto de recursos cristianos de calidad que
transforman vidas.

NUESTRA MISIÓN

Desarrollar y distribuir productos de calidad —con
integridad y excelencia—, desde una perspectiva bíblica y
confiable, que animen a las personas a conocer y servir a
Jesucristo.

NUESTROS VALORES

*Nuestros valores se encuentran fundamentados en la
Biblia, fuente de toda verdad para hoy y para siempre.
Nosotros ponemos en práctica estas verdades bíblicas como
fundamento para las decisiones, normas y productos de
nuestra compañía.*

Valoramos la excelencia y la calidad
Valoramos la integridad y la confianza
Valoramos el mérito y la dignidad de los individuos
y las relaciones
Valoramos el servicio
Valoramos la administración de los recursos

Para más información acerca de nuestra editorial y los
productos que publicamos visite nuestra página en la red:
www.portavoz.com